CALIFAS DEL DINERO

José Eulogio López

Para Malén Rev...

Paisano, que es un ...do, con

afecto de:

Pte: Y el compromiso de leerlo

TIBIDABO

Diseño gráfico: SDD

Primera edición: Junio 1989

Muntaner, 479, 4.º
08021 Barcelona
Tel.: 212 69 49

ISBN: 84-86421-53-5
Dep. Legal: B-25.201-89
Impreso en Nova Grafic.

A Juana Mary, mi mujer, porque hacer un libro es fácil, pero soportar al autor durante el parto es heroico. Asimismo, conste mi agradecimiento a Rafael Esparza, un periodista que no quiere ser famoso, razón por la cual posee una de las plumas más brillantes que conozco.

Me dolería que las personas normales a las que cito en este libro se ofendieran. Me entristecería que los susceptibles no se irritaran.

ÍNDICE

INTRODUCCIÓN

Cronología de una historia

El 18 de mayo de 1988 Mario Conde, presidente del Banco Español de Crédito, y Alfonso Escámez, presidente del Banco Central, anunciaban la fusión de ambas entidades. Nacía el Banco Español Central de Crédito (BECC), el mayor del país, fruto de una unión en la que ambos socios aportaban importantes participaciones industriales en sectores claves de la economía nacional. Su volumen de negocio suponía más del 6 por ciento del producto interior bruto del país. El futuro líder del nuevo banco sería el empresario más fuerte de España y el foco de poder económico más relevante. Nueve meses después, el 28 de febrero de 1989, el Banco Español Central de Crédito dejó de existir antes de nacer. Los dos presidentes acordaban dar por terminado un proceso de fusión que había estado salpicado desde el comienzo por la polémica.

En este período el BECC ha servido de escaparate a una nueva clase empresarial española. Jóvenes millonarios agresivos, a los que se reconoce más audacia que experiencia, pero también un ánimo renovador, han ocupado las primeras páginas de los medios de comunicación: Alberto Cortina y Alberto Alcocer, Mario Conde, Juan Abelló o Javier de la Rosa, han relegado en los comentarios de la opinión pública a los primeros espadas de la política nacional. Otros nombres, como los de Alicia Koplowitz, Miguel Boyer, Aristóbulo de Juan, Romualdo García Ambrosio, López de Letona, Juan Belloso, Ramón Areces, Isidoro Álvarez, Arturo Romaní, Luis Blázquez, Epifanio Ridruejo, Abril Martorell, Mariano Rubio, Miguel Durán, o las familias Garnica, Herrera, Argüelles, Gómez Acebo, etc, se han convertido en carne de comentario público, también entre personas alejadas del mundo financiero.

Aunque el acuerdo de fusión se tomó en la primavera de 1988 la historia empieza antes, cuando dos desconocidos, Alberto Cortina y Alberto Alcocer, cuya fortuna se ha forjado bajo las alas del presidente de El Corte Inglés, Ramón Areces, abandonan su anonimato, prisioneros de la sed de poder que consume a la nueva clase dirigente. Hasta entonces habían sido ricos; desde entonces serán famosos. El grupo que lideran, Construcciones y Contratas, llega a un acuerdo con la Kuwait Investment Office, KIO, inversores institucionales árabes y uno de los fondos de inversión más importantes del mundo, poseedores en aquel momento de una importante participación en el Banco Central. Nace así la denominada Cartera Central, sociedad tenedora de acciones y poseedora de un 12 por 100 —siempre con modificaciones coyunturales— del banco que preside Alfonso Escámez. En esa nueva sociedad el 51 por ciento del capital pasa a manos de los Albertos por las serias reticencias planteadas desde el Gobierno a la presencia de un grupo inversor extranjero en un sector considerado estratégico, como es la banca. KIO se queda con un 48 por ciento, delegando toda la gestión en sus socios y con el ánimo de ir cediendo más títulos hasta el abandono definitivo.

Desde un primer momento, Alfonso Escámez considera la entrada de los Albertos en el Banco Central como una agresión que pretende desbancarle de la Presidencia. El veterano banquero de 73 años se considera traicionado por unos jóvenes de 40 con los que ha mantenido unas excelentes relaciones, particularmente a través de la figura de Ramón Areces. Es así como Escámez cambia de opinión sobre las fusiones y entra en conversaciones con otros bancos. Una fusión es la mejor manera de neutralizar a los audaces primos de Construcciones y Contratas. Se inician conversaciones con el Banco Hispano Americano de Claudio Boada, pero éste pide que sea su equipo quien dirija el banco resultante y la negociación no llega a buen puerto. Finalmente, Escámez se vuelve hacia Banesto, presidido por Mario Conde, que poco tiempo atrás había destrozado las aspiraciones de Sánchez Asiaín de absorber el Español de Crédito mediante una OPA hostil. La figura de Mario Conde como triunfador en la batalla contra la banca vasca le hizo concebir esperanzas de llegar aún más alto. Nace así un maridaje que nadie hubiera imaginado pocas semanas antes.

Desde entonces, primavera del 88, el camino de la fusión Banesto-Central ha estado jalonado por la constante oposición del accionista mayoritario, Construcciones y Contratas, apartado desde un principio de los centros de decisión de ambas entidades. No obstante, en la junta del Banco Central de junio del 88, los Albertos llegaron a un acuerdo con Alfonso Escámez. El presidente del Central se comprometió a cederles cuatro puestos más en el Consejo, que se unieron al ya introducido Romualdo García Ambrosio: Álvaro Alepuz, Alfonso Cortina, Alberto Cortina y Alberto Alcocer.

La segunda andanada de Cartera Central se dirigió contra el Banesto, con el que también llegaron a acuerdos de componenda que en ningún caso significaron la paz. Los Albertos obtuvieron finalmente mucho más de lo que legalmente les otorgaba su participación accionarial. Esta participación, por otro lado, nunca estuvo clara. Mientras para los Albertos, Cartera Central poseía el 2,1 % del Banco Español de Crédito, para esta entidad se rebajaba hasta el 1,8. A la postre, en el consejo de Banesto entraron Aristóbulo de Juan, ex-director general de inspección bancaria del Banco de España, José Luis del Valle, Carlos Bustelo, Romualdo García Ambrosio y Alberto Cortina, todos ellos en defensa de los intereses de Construcciones.

Con esta marea de fondo, el 15 de octubre de 1988, las juntas de accionistas del Banco Central y del Banesto aprueban la fusión. Este intrincado lío de relaciones se complicó con la crisis de la pareja Conde-Abelló. Juan Abelló firmó la ruptura de su unión patrimonial con Conde. El fuerte enfrentamiento personal entre ambos colocó a Mario Conde en una postura de debilidad. Un mes más tarde, noviembre del 88, los Albertos sueltan la bomba: a los pesos pesados acumulados en torno a Construcciones y Contratas en la batalla por el BECC se sumó el ex-ministro de economía, Miguel Boyer, hasta entonces máximo mandatario del Banco Exterior de España, que se convierte en presidente de Cartera Central.

El fichaje de Boyer fue interpretado en el sector bancario como una maniobra del Gobierno para sustituir a Mario Conde y Alfonso Escámez en la cúspide del Español Central de Crédito por uno de sus correligionarios, utilizando para ello a los Albertos. No obstante, el Gobierno negó que fuera este su propósito.

La guinda de la tarta la puso la Organización Nacional de Ciegos de España (ONCE), una entidad de derecho público con el monopolio de explotación del famoso cupón. Rebosante de liquidez para invertir, la ONCE entró en el grupo Construcciones y Contratas con la intención de hacerlo posteriormente en el accionariado de los dos bancos fusionados. La tesis es muy clara: comprar la autocartera del Banco Central y del Banesto, una autocartera que se había convertido en el principal argumento de Mariano Rubio, gobernador del Banco de España, en contra de la fusión.

Los recelos estallaron en la sesión del Consejo de Banesto celebrado el pasado martes 24 de enero de 1989. Aristóbulo de Juan dirigió a Conde una lista de preguntas sobre la situación del Banco. Los representantes de Cartera Central, a los que se unieron los de tres familias tradicionales de Banesto (Herrera, Argüelles y Garnica) se negaron a aprobar la cuenta de resultados de Conde. Días después, Mariano Rubio afirmó que lo ocurrido en el Consejo de Banesto no tenía precedentes.

Unos días más tarde la historia da el vuelco, con la publicación de las fotos de Alberto Cortina y Marta Chávarri saliendo de un hotel de Viena. Estas fotos provocaron una crisis profunda en el Grupo: la esposa de Alberto Cortina, Alicia Koplowitz, abandona su vida hogareña y entra en el Consejo de Construcciones y Contratas en calidad de vicepresidenta, mientras su hermana, Esther Koplowitz, lo hacía de consejera. Alberto Cortina sale de Construcciones y Contratas, S.A., y tiende a desaparecer de los centros de decisión de todo el Grupo.

El martes 21 de febrero, el vicepresidente de KIO, de viaje en España, y Javier de la Rosa, que defiende los intereses del fondo de inversión kuwaití en nuestro país, comunicaron a Miguel Boyer, en una reunión mantenida en Barcelona, su deseo de abandonar Cartera Central. Los kuwaitíes observan que la opinión pública española contempla con estupor cómo motivaciones personales y de ambición están deteniendo la marcha de un proyecto que involucra a ochocientos mil accionistas y cerca de cuarenta mil empleados —sólo en el grupo financiero, sin contar las participaciones industriales—. Javier de la Rosa, por tanto, decide acelerar la retirada de KIO, y así se lo comunica a Miguel Boyer, como presidente de Cartera Central: "Nos queremos ir y os ofrecemos —así está estatutariamente recogido en Cartera Central— que compréis todo el paquete". Para Construcciones, grupo sometido a una reconversión accionarial —por el distanciamiento matrimonial entre Alberto Cortina y Alicia Koplowitz— y con más patrimonio que liquidez, aportar de pronto cuarenta mil millones de pesetas significaba mucho. Ya antes se había especulado con que fuera la misma ONCE la que adquiriera el paquete de KIO.

El miércoles 22 de febrero, Mario Conde, convencido de que la fusión no puede llegar a buen puerto, avanzó un paso más. En primer lugar, pac-

tó un acuerdo con Juan Abelló para que pusiera su paquete del 3,2 % de Banesto a disposición del Consejo. Al Banco de España no le gustó la idea por el incremento de autocartera que implicaba para la entidad. El mismo miércoles, Mario Conde llegó también a un acuerdo con Alberto Alcocer y Romualdo García Ambrosio: Construcciones se va si la fusión no se realiza. En el fondo, Mario Conde reenviaba los Albertos a Escámez. El presidente del Central, por su parte, una vez conocida la oferta de KIO, está dispuesto a adquirir su paquete. Escámez asegura que empresarios con patrimonio estarían dispuestos a apoyarle. La situación retrocedió en el tiempo de manera espectacular.

El Banco de España, mientras tanto, advirtió a los dos bancos que estaban obligados a notificar oficialmente su decisión sobre la fusión. En la reunión del "holding" BECC, encargado de diseñar y ejecutar el proyecto, el asunto debía quedar sentenciado. Lo cierto es que en dicha reunión no pasó nada, pero en otra, que mantuvieron Escámez y Conde, el presidente del Central exigió que se cumplieran los plazos formalmente establecidos para renunciar a la unión. Pretendía, en suma, que el propio Conde renunciara explícitamente a la fusión y que apareciera como el enterrador de la misma. El gobierno eludió pronunciarse en cualquier sentido, aunque después de más de seis meses aún no había concedido las exenciones fiscales necesarias para un proyecto de esta envergadura. El paso final lo dio Mario Conde enviando al presidente del Central una carta en la que se da por concluido el proceso: cada banco seguirá manteniendo su propia identidad. El acuerdo se comunicó al gobernador del Banco de España, Mariano Rubio. Todo había terminado.

A partir de ese momento los dos bancos entraron en un proceso de remodelación accionarial y de consejo. En Banesto, Mario Conde colocó paquetes de acciones entre empresarios ajenos al mundo bancario, entre los que destaca Jacques Hachuel. El Central, más pausado en sus decisiones, estuvo pendiente de lo que ocurría en Construcciones y Contratas, donde Boyer quedó aún más oscurecido y García Ambrosio aumentó su influencia. Finalmente, y ante la necesidad de rentabilizar adecuadamente la cuantiosa inversión en el Central, los Albertos vuelven a enfrentarse a Escámez. Las luchas internas del invierno del 88 se recrearon en la primavera del 89. En la sesión del Consejo de Administración del Banco Central, celebrado el 19 de abril de este último año, los representantes de Cartera se negaron a aprobar el balance de la entidad y se repitió el enfrentamiento entre Gar-

cía Ambrosio y Escámez. Construcciones, a pesar de la entrada de Alicia Koplowitz, continuaba aspirando al Central.

Mientras tanto, Mario Conde puso en marcha su antiguo proyecto de Corporación Industrial Banesto, con el que pretendía sumar las participaciones industriales de todo el Grupo y construir una unidad de gestión, y al mismo tiempo forjar el conglomerado empresarial más poderoso del país. De nuevo, las exenciones fiscales saltaron a la palestra. El Gobierno puede concederlas o no, interpretando una legislación ambigua que posibilita cualquier decisión.

La primacía de la banca española pasa así al Banco Bilbao Vizcaya que, a pesar de las tensiones entre los grupos procedentes de una y otra entidad, prosigue su marcha y su período transitorio de cuatro años hacia la presidencia única. BBV es actualmente el primer banco del país en la clasificación por tamaño, seguido de Central y Banesto.

Por su parte, KIO mantiene el dinero obtenido por la venta de su participación en Cartera Central —42.000 millones de pesetas— en España. La postura del Gobierno respecto al grupo kuwaití podría resumirse como de reticencia respecto a su interés en el sector financiero, que el PSOE considera estratégico, aunque no se opone a que siga invirtiendo en otras áreas de la industria. KIO tiene pendiente la fusión entre las empresas Explosivos Río Tinto y Cros.

CAPÍTULO I

La clave está en los estatutos

A Escámez no se le oye

El 15 de octubre del 88, los accionistas de Banesto y los del Banco Central aprobaban la fusión de ambas entidades. Mario Conde reunía a los suyos en el Palacio de Deportes de la Comunidad de Madrid. Escámez, en el pabellón deportivo del Real Madrid. El estilo, tan distinto, de ambos presidentes se ponía ya de manifiesto.

Con 39 años, Conde habló a la concurrencia puesto en pie. A medida que desgranaba cifras, dos pantallas gigantes resumían el mensaje del nuevo amo de la banca española. Conde había inventado el discurso presidencial televisado. El contenido era un canto a la picaresca. Al final, los asistentes más dóciles se fueron a casa con una bolsa de bombones y la férrea convicción de que el incremento del crédito al sector público constituye el indicador básico del negocio bancario. Y es que Banesto empezaba a despertar, pero el equipo de gestión que había sustituido a López de Letona se encontró con muchos más sapos de los previstos en las tripas contables de la institución. Epígrafe uno: Banesto, en contra de lo que afirmara López de Letona, no estaba, ni mucho menos, saneado.

Ramiro Núñez, de profesión abogado del Estado, estuvo a punto de batir un ''record'' de velocidad en lectura libre, cuando usó el micrófono para dar cuenta a los accionistas de los estatutos del nuevo Banco Español Central de Crédito (BECC). Más de un periodista se tiraba de los cabellos días después por no haber colocado el magnetofón. Aquellos estatutos, públicamente expuestos, iban a ser el secreto mejor guardado de las dos grandes fusiones: la fallida y la Bilbao Vizcaya. Había razones poderosas para ello.

En la ciudad deportiva del Real Madrid, el mismo día, a la misma hora, Escámez iba a ser mucho más práctico. Sencillamente, la megafonía funcionaba de forma tan deficiente que alguien, cansado de mortificar sus oídos, abandonó la sala y se dedicó a retar a todos los accionistas que salían a repetir un solo artículo. La junta del 15 de octubre en el Central, la más importante vivida por el banco en muchos años, pasará a la historia por sus actas, que no por los testimonios de los asistentes. Cuanta menos información se diera mejor que mejor. Epígrafe dos: el negocio bancario en España empezaba a estar marcado por los tiburones, concepto de difícil definición, si nos atenemos a las negativas de los marcados por tal calificativo. En este estado de cosas, la transparencia, principal arma del tiburón, se volvía peligrosa.

En efecto, el nuevo financiero español siente una especial predilección por el tiburón mientras no le toque jugar el papel de víctima, en cuyo caso existen grandes posibilidades de que el escualo esté conculcando, de forma flagrante y abusiva, una docena de artículos de varios códigos. A fin de cuentas, liberalizar el sistema consiste, entre otras cosas, en permitir el libre juego de la oferta y la demanda. El que tiene dinero puja más alto y compra. Sus proyectos futuros sobre la empresa adquirida forman parte de su intimidad. Epígrafe tres: otra de las características de los nuevos señores del dinero consiste en comprar riqueza, no en crearla.

Tiempo después se publicarían los estatutos del Banco Bilbao Vizcaya y del Banco Español Central de Crédito. Lo cierto es que Pedro Toledo, copresidente del BBV, llegó mucho más lejos en el establecimiento de medidas antitiburoneo. Los estatutos del Bilbao Vizcaya solicitan haber sido accionistas durante dos años para ocupar un puesto en el Consejo, y ¡tres años! de consejero para acceder a la Presidencia. Consecuentemente —la teoría sigue una vez más a la práctica, no al revés—, Pedro Toledo Ugarte no deja de repetir que el buen funcionamiento de una entidad se apoya en su Consejo. ¡Como que el presidente del banco vasco sólo puede salir de sus filas! Además, la participación en beneficios de los vocales del BBV se elevaba hasta el 4 %, por contraste con el Banesto-Central, que rebajaba el porcentaje hasta el 2. Esto supone que, dados los beneficios del 88, cada uno de los cuarenta consejeros del BBV obtendría una cantidad, sólo por el precitado concepto, superior a los 115 millones de pesetas, aunque Toledo asegura que no se alcanzó, ni de lejos, esa cifra.

Unos estatutos sin medidas antitiburoneo constituyó el primer error serio de Conde, que en el momento de redactar el documento aún se sentía fuertemente anclado como líder del BECC. Las juntas del 15 de octubre supondrían de hecho el comienzo del declive de Conde y el ascenso de Alberto Cortina y Alberto Alcocer, máximos ejecutivos de Construcciones y Contratas. El presidente de Banesto aludiría meses más tarde, una vez rota la fusión, a la falta de colaboración de Escámez: "Desde el mes de junio del 88 venía insistiéndole a Alfonso que lo importante era determinar el equipo ejecutivo, pero no hubo manera. Bastaba haber pactado los nombres —y publicitarlos convenientemente— para aclarar las cosas" (léase, para desfondar a Construcciones y Contratas). A fin de cuentas, una fusión, de cualquier tipo, es un proceso por el que dos instituciones tratan de encajar a sus directivos en los mejores puestos de la entidad resultante.

Las juntas supusieron ante todo la entrada de nuevos hombres de los Albertos en Banesto. El error de los dos primos fue darse cuenta demasiado tarde de las posibilidades que abría el fichaje de Boyer, que se produciría un mes después. Sin embargo, las negociaciones ya estaban abiertas tiempo atrás. Mientras se celebraban las juntas, un equipo del Banco Exterior ultimaba un estudio sobre el grupo Construcciones y Contratas, por encargo directo de su presidente. Las decisiones deben tomarse de forma científica y meditada. Visto el sueldo que se le atribuyó a Boyer (120 millones de pesetas-año, más participación en beneficios durante un quinquenio, en un momento en que los presidentes de las grandes corporaciones industriales perciben una media de 70 millones) quién podría resistirse. Lo cierto es que un Boyer consejero de Banesto y Central hubiese significado tener el relevo en la manga, algo demasiado importante.

Presagios de tormenta

Las convocatorias del 15 de octubre venían precedidas por fuertes presagios de tormenta para Mario Conde. Alfonso Escámez había estado de vacaciones agosteñas en Águilas, su pueblo natal. En este mundo se pueden prever muchos acontecimientos, pero nunca vislumbrar de lo que es capaz el presidente del Central con los pulmones rebosantes de aire murciano. Nada más poner pie en Madrid exigió de Conde la aceptación de Antonio Escámez Torres, su sobrino, como conductor del área de internacional del banco fusionado. Más tarde colocaría a su director general, Luis Blázquez. Como todo viejo zorro, Blázquez manifiesta sin pestañear que esto de la banca le aburre mucho: "A mí lo que realmente me preocupa es Tartesos y los tartesios", afición histórica de innegables connotaciones bancarias. Se trata de mecanismos de defensa que practican algunos prohombres de las finanzas españolas (Javier Gúrpide, consejero delegado del Bilbao Vizcaya, no duda en afirmar que la banca es un negocio aburrido, porque "lo importante es la poesía").

Puestos a comprar o vender títulos, Blázquez se convierte en un peligro público. Personaje, al igual que Escámez, salido de los escalones más bajos de la casa, ha sido uno de los protagonistas anónimos de la fusión, y también de la desfusión, Banesto-Central. Sus movimientos son rápidos, su genio también, y su capacidad de maniobra le ha catapultado hasta el Consejo de Administración de la Casa, donde es utilizado por Escámez como valladar contra los Albertos en la nueva etapa de refriega. Al personaje le define perfectamente el hecho de que Mariano Rubio hiciera llegar reiteradamente a Escámez el deseo de que las relaciones con la autoridad fueran llevadas por cualquier otro. La película es esta: primero Blázquez eleva la voz (y de qué manera) frente a los equipos de inspectores del Banco de España. La tremolina es fuerte. Luego Mariano Rubio y Alfonso Escámez arreglan la situación en una entrevista donde no faltan las alusiones a "estos jóvenes que no saben tomarse las cosas con un sabio distanciamiento".

Finalmente, Escámez planteó a Conde el cargo a ocupar por Epifanio Ridruejo, el segundo ejecutivo del Central (¿es necesario puntualizar que el primero es el propio Escámez?). Son las fechas en las que al presidente del Central se le atribuye la siguiente frase: "Si tuviera diez años menos (contaba 72) me como a los siete grandes". Ningún banquero español lo hubiese dudado ni un momento.

En definitiva, Escámez había empezado regalando el Central a Mario Conde. Luego cambió, para atribuirse poderes que antes se había vedado. Sería copresidente ejecutivo del BECC. En una tercera etapa introdujo a todos sus hombres. Por último, pretendió compartir el cargo de consejero delegado (co-consejero)... y ese fue el final de la fusión.

En ese prolijo mes de septiembre del 88, y primera quincena de octubre, pasaron muchas cosas. Vuelve a Madrid el autodesterrado Aristóbulo de Juan. El ex-director general de inspección del Banco de España y cirujano de la crisis bancaria, se había ido a Washington, donde actuaba como asesor del Banco Mundial. Se trata de uno de esos especímenes que todo banquero desea tener en sus filas... a condición de tener sólo uno. No llega, como se cuenta del gobernador del Banco de Inglaterra, a adelantar o retrasar la copa en señal de asentimiento o negativa, pero sí establece con sus interlocutores el siguiente postulado: yo no le contaré a usted nada, aunque estoy dispuesto a que me lo cuente usted, y yo le diré si va o no por buen camino. Es una manera de disfrutar como otra cualquiera.

Aristóbulo de Juan acepta el encargo de Alberto Alcocer de representar a Cartera Central en el Consejo de Banesto. En la sesión clave que dicho Consejo celebraría el martes 24 de enero del 89, Aristóbulo planteó 22 preguntas envenenadas al presidente de Banesto. Fue su aportación al proceso, demoledora para Conde, y que posibilitó una de las mayores arbitrariedades de Mariano Rubio, que tomó partido claramente contra Banesto, hablando de "situación sin precedentes". Pues bien, Aristóbulo de Juan aparece por Madrid en el mes de septiembre. Abre su despacho y se dedica al análisis minucioso de los estados contables de Banesto. Deja claro a los Albertos que no trabajará para nadie. Seguirá siendo asesor del Banco Mundial y de quien se precie. En su cartera traía el texto de una conferencia recitada en distintos foros internacionales, realizada con gran brillantez y que parecía tener destinatario fijo: Mario Conde. El título decía: "De buenos banqueros a malos banqueros". Su función en Cartera Central consistió en desacreditar la gestión del equipo directivo de Banesto con la elegancia y maestría que le eran propias. A esas alturas, ya sólo importaba ganar.

Divorcios financieros a la española

Mario Conde tenía mientras tanto otro frente abierto: el de su socio consuetudinario Juan Abelló. El hastío del hombre que otorgó a Conde su primer puesto relevante en el mundo de la empresa había rebasado todos los límites. Abelló es uno de esos tipos capaces de partirse el pecho por una causa, pero la fusión era algo en lo que ya no creía. Si la corrupción de lo óptimo es lo pésimo, las discusiones entre amigos son lo peor. Hubo gritos, acusaciones personales y se dieron lamentables espectáculos públicos. La batalla de la imagen estuvo en su apogeo. De hecho, una de las condiciones impuestas por Abelló fue que Fernando Garro (el amigo de Conde y encargado de su imagen) guardara absoluto silencio. Llegó un momento en que Abelló se refería a Garro por sus iniciales: "Eso es cosa de F.G.". Lo cierto es que F.G. ha desaparecido de la opinión pública, cosa distinta a perder poder y confianza. Representa una figura curiosa y poderosísima dentro de la banca española.

La ruptura con Juan Abelló, larvada ya desde el verano, se efectúa semanas después de la Junta, pero el socio de Conde seguirá siendo vicepresidente de Banesto y presidente de la Unión y el Fénix hasta bien entrado el mes de febrero. Cuatro meses durante los cuales Abelló entonará el "canto del pequeño accionista", enternecedora melodía que figura en el "hit parade" de las finanzas hispanas. En este país todo se hace pensando en el sufrido pequeño accionista. El vicepresidente de Banesto reiteró hasta la saciedad que no iba a vender su paquete del 3,2 %: "Y no lo voy a vender porque, en estas circunstancias, los accionistas saldrían tan perjudicados que tendrían todo el derecho a corrernos a capones por la Gran Vía". Cuando a Abelló se le recordaba que su situación en Banesto —máximo accionista individual sin poder efectivo alguno— era incongruente, razonaba así: "Sí, todo lo que se dice es muy lógico, pero falso. Yo no vendo". Sólo el presidente del Hispano Americano, Claudio Boada, había negado con más entusiasmo su propósito de desprenderse del Urquijo. Abelló llegó a amenazar con querellarse contra quien afirmara que se iba de Banesto.

El precitado caso de Fernando Garro, en su papel de jefe de prensa de su amigo Conde, pone de manifiesto la obsesión de los nuevos ricos españoles por su imagen. Al final, resulta que, tanto en empresas como en política, la cercanía física al líder —y la amistad es una forma de cercanía— determina una capacidad de influencia mucho mayor que el cargo que se ostenta. El caso de Fernando Garro se repite una y otra vez en la gran banca española, en la que el jefe de prensa se convierte al mismo tiempo en asesor político. La propia indefinición de la figura del jefe de prensa en los organigramas bancarios acentúa su capacidad de maniobra. Por eso se ha dicho que el gran error de Pedro Toledo en la fusión con el Bilbao fue dejar ese papel en manos del F.G. de Sánchez Asiaín, Antonio López, destinando a su hombre de confianza, Luis Abril, a funciones estrictamente bancarias. Ciertamente, Abril era un técnico entendido en banca; López, no. Con ese argumento, Asiaín logró vencer las resistencias de Toledo. No pasarían muchas semanas sin que Antonio López, subdirector general, colocara al copresidente Toledo en los mayores bretes a los que se ha enfrentado en el transcurso de la fusión vasca. Hoy, todo el mundo está convencido de que el BBV será un solo banco en el momento en que haya un solo presidente. Y el mayor escollo para que Pedro Toledo alcance la cima es Antonio López.

Y Boyer pone en evidencia al Gobierno

Fue también en el mes de septiembre del 88 cuando se empezó a hablar del futuro profesional de Miguel Boyer Salvador. Desde Egipto a Venezuela no había destino o cargo vacante que no se le atribuyera. Para Boyer, la economía es una ciencia exacta cuyos arcanos no deben ser mancillados por diletantes. Esto equivale a decir que el mundo se divide en profanos y herejes, según el grado de conocimiento. Por lo demás, Miguel Boyer es un estudioso capaz, lo que no tiene por qué implicar que sea un buen gestor. De hecho, su historial profesional es de mucho menor relieve que el político.

Cuando Construcciones y Contratas, que no KIO, ofertan a Boyer la entrada en el Grupo, el ex-ministro acude directamente a La Moncloa y se entrevista con Felipe González. El mensaje de Boyer puede resumirse así: si tú no quieres no voy. ¿Podría alguien negarse a una pretensión como esta? Además, era la época en que Mario Conde se había convertido en la ''bicha'' de Felipe González. Frases como ''No, si aquí llega cualquiera y se convierte en el salvador de la economía'', o ''esto es tan fácil que lo hace hasta Mario Conde'', eran habituales en La Moncloa, y convenientemente coreadas en público por la ministra de Asuntos Sociales, cuya manía persecutoria hacia Mario Conde es visceralmente temida por sus compañeros de Gabinete. Estas ideas se transmitían por las venas del organismo socialista hasta las mismísimas bases. La radiografía de aquel momento retrata un PSOE cazado en su propia trampa de la promoción de fusiones, con uniones no deseadas y aupamiento de personajes considerados indeseables. En esas condiciones, González dio su beneplácito a Boyer. La decisión del presidente del Gobierno provocó formidables cabreos entre los ministros: ''Este hombre nos ha puesto en evidencia'', gruñía Joaquín Almunia. Tras el fichaje de Boyer, ¿quién era el guapo que se tragaba aquello de que el Gobierno era neutral en la batalla por el Español Central de Crédito? Como el hombre es un animal empecinado en tropezar cuantas veces sean necesarias en la misma piedra, en mayo del 89, y tras una etapa de significativo silencio, Carlos Solchaga volvería a la carga, promocionando de nuevo las fusiones. Es este un juego peligroso, pues lo cierto es que el plan inicial del Gobierno socialista —trazado en el verano del 87— nunca se cumplió. Se consiguieron fusiones, pero no las deseadas.

La entrada de Boyer en Construcciones supuso, por lo demás, una de las pocas ocasiones en que Romualdo García Ambrosio, consejero delegado de la empresa, vio disminuido su papel. Boyer entraba como presidente de Cartera Central, sociedad tenedora de acciones de los bancos Central y Banesto. Oficialmente, no aspiraba a ser consejero de ninguna de las dos entidades, una exquisita modestia sólo empañada por el hecho de que la aspiración real fuera la Presidencia de ambas. El fichaje se hace público el viernes 11 de noviembre. Ese mismo día, al término de la Comisión Permanente del Central, los Albertos piden hablar con Escámez, que desde el 15 de octubre era el bueno de la película:

—Alfonso, Boyer se viene con nosotros. Esto no tiene nada que ver con la fusión. Simplemente, queremos internacionalizar el negocio. La prensa se nos ha adelantado y no te lo hemos podido comunicar.

El presidente del Central se limitó a sonreír. Segundos más tarde le confesaba a uno de sus colaboradores: ''A ver por dónde salen éstos ahora''. ''Estos'' estaban en un momento de luna de miel fingida con Escámez. Algún directivo del Central se especializó en imitar a Alberto Alcocer cuando afirmaba aquello de ''¡Qué te vamos a enseñar nosotros a ti de banca, Alfonso! Lo que tú digas''. Y claro, dos días después se hacía público el nombramiento de Boyer como presidente, precisamente, de Cartera Central, la única rama del entramado, excluido el Zaragozano, relacionada con el sector bancario.

Aquel día Mario Conde no pudo brindar con champán debido a un accidente de coche que le estropearía el fin de semana: ''He estado a punto de matarme, pero estoy feliz. Del Gobierno ya me han hecho llegar el mensaje de que esto no va conmigo. Han cometido el mayor error de su vida''. Lo cierto es que desde Banesto se empezó a lanzar una dura ofensiva. En banca se utilizan los correos más diversos —en no pocas ocasiones periodistas— para enviar mensajes al colega o al Gobierno. La incidencia de esas señales cifradas dependen de su veracidad. En esta ocasión se aludía a un hombre, Miguel Boyer, que dejaba empantanado el Banco Exterior, en un momento crucial de su andadura. Desde luego, la gestión de Boyer al frente de este banco público en dificultades —el séptimo grupo bancario del país— no había sido sobresaliente. Sus tres años de Presidencia fueron tres años perdidos. Por eso sorprendieron tanto —al mismo tiempo que mostraban nítidamente las intenciones de los Albertos— sus primeras declaraciones, en las que afirmaba que Banesto y Central eran los peores bancos del país. Se había olvidado, lo que son las cosas, que las tasas de rentabilidad más bajas eran las de la entidad que abandonaba.

En ese momento, los Albertos, que más tarde empezarían a pensar que se habían equivocado trayendo a Boyer, vivían momentos de euforia. Cuando se vio a un Conde que no se arredraba —y que seguía mimando a un Escámez constituido en árbitro de la situación—, su carácter de chulapos madrileños les hizo volver a la estrategia Ambrosio: golpear desde dentro, hasta hacer insostenible una situación personal con cualquier excusa. A ello contribuyó el mayor enemigo del ex-ministro, que no es otro que el propio Boyer. Entró en Construcciones como un caballo en una cacharrería. En el Grupo había demasiado anónimo eficaz acostumbrado a ganar dinero, y demasiada estrella rutilante habituada a campar por sus respetos. Y surgieron las chispas.

El paso de la razón a la fuerza

Hay un primer momento en toda gran operación —y una fusión bancaria lo es— en el que los protagonistas, aún inquietos ante su futuro, se sienten ilusionados por el proyecto y tratan de aplicar criterios racionales objetivos al mismo. Pero si el futuro de esas personas en el nuevo estado de cosas no se decide con rapidez, las actitudes se encanallan, pues la ilusión inicial necesariamente decrece. Por eso, el gran mérito de Pedro Toledo fue ahondar en una idea tan simple como esta: para que la fusión llegue a buen puerto hay que darse prisa. En la junta del 1 de junio de 1988, donde los accionistas del Vizcaya ratificaron la fusión con el Bilbao, Toledo empleó el siguiente símil para justificar su premura: ''El barro, con el tiempo, se endurece, y ya no hay quien lo moldee''. De hecho, una de las grandes discrepancias entre el Bilbao y el Vizcaya fue ésta. Los hombres de Asiaín planteaban un proceso a cinco años. Los del Vizcaya querían hacerlo en diez meses.

Las luchas intestinas de Banesto y Central impidieron esa velocidad de crucero. De ahí su fracaso. Si de lo particular pasamos a lo general, se puede afirmar que sobre concentraciones bancarias, en España ya se ha dicho todo. Quizá por esto, los protagonistas de las fusiones del futuro podrán abandonar esos pudores ridículos, y hasta un tanto hipócritas, y plantearse con sinceridad la única pregunta a responder: ¿quién va a mandar? De otra forma, se cumplirán inexorablemente las diez etapas que un manual de organización americano prescribe para toda fusión:

1. Optimismo general.
2. Fase de desorientación.
3. Desconcierto general.
4. Período de cachondeo incontrolado.
5. Búsqueda implacable de culpables.
6. Sálvese quien pueda.
7. Castigo ejemplar a los inocentes.
8. Recuperación del optimismo perdido.
9. Terminación inexplicable del proceso.
10. Condecoraciones y premios a los no participantes

Y felices son los que llegan a la última etapa.

CAPÍTULO II

Los nuevos pudientes

El Gobierno se esconde. El Banco de España toma el relevo

En España existe una incontrolada tendencia a hablar en nombre del Gobierno. Sobre un mismo acontecimiento, se ponen en boca de ese ente de razón posiciones no sólo distintas, sino pura y simplemente contradictorias. En el patio de comadres en que después de octubre del 88 se convirtió la city madrileña, aquel que hubiese estrechado la mano de un ministro, aunque fuera el de Cultura, se creía capacitado para explayarse sobre los pensamientos íntimos del presidente González, su mujer, el camarero de la Bodeguiya y la chica del servicio, sin olvidar a los guardaespaldas, que, por lo que se oye, son la llave de los grandes proyectos de Estado. Pero no se piense que son los intermediarios los más dados a practicar este deporte. Quien realmente se ha erigido en intérprete, y en ocasiones maestro, del Gobierno, ha sido el propio Banco de España. Si no se contempla esta disfunción, difícilmente se entenderá lo que ha ocurrido en la banca española a lo largo de los últimos años. Y el caso es que no siempre los hombres de Mariano Rubio han actuado por cuenta ajena.

Entiéndase, sí hay una posición unánime del Gobierno, entre otras cosas porque el PSOE se distingue por su fuerte espíritu corporativo. Pero no es lo mismo lo que un ministro dice en la mesa del Consejo que lo que comenta con un periodista, o en una cena privada, pues puede tratarse de una opinión personal no compartida por sus colegas, o de una simple campaña. En vísperas del 14-D, fecha que también tuvo influencias bancarias, Nicolás Redondo, en respuesta a las críticas de José María Benegas, realizaría una definición de poder tan concisa como acertada: "Se ha creído que es el número tres, cuando en España sólo manda uno y medio". El propio Solchaga advertía que el Gobierno apoyaba el fichaje de Boyer, a pesar de que muchos ministros estuviesen descontentos, "pues le ha apoyado el presidente, que representa el 95 por ciento del Gobierno". El otro 5 se supone que quedaba para Alfonso Guerra. Por cierto, conviene enterrar otro mito: Guerra y González nunca riñen ni discrepan. Y si riñen o discrepan es igual, porque Guerra se calla.

En el número 50 de la madrileña calle de Alcalá hay un caserón que exuda dignidad por cada uno de sus grandes moles de piedra. Responde al nombre de Banco de España, y cuando se penetra en el recinto uno reprime los estornudos y no se atreve a sonarse la nariz. Indalecio Prieto, allá por los años 30, pronunció aquella frase: "No es que sea el Banco de España, es que España es del Banco". El poder acumulado por la institución se ha ido acrecentando a lo largo de cinco décadas por un único motivo lógico —y un buen puñado de razones menos lógicas—: el flujo de dinero se ha introducido por vericuetos antes inexistentes. En fino: los mercados se han hecho más complejos. Pero no nos emocionemos. El objetivo del banquero sigue siendo tan prosaico como hace un siglo: ganar más dinero como vía para influir más. De hecho, los artificios lingüísticos con los que se rodean los economistas no son más que un mecanismo de vanidad, el deseo de ocultar que se trata de una ciencia joven con un objetivo más bien plebeyo.

Como todo banco de bancos, el de España practica la más refinada hipocresía intelectual. En teoría es árbitro de las relaciones bancarias en particular... y, en nuestro país, financieras en general. Su función no es el lucro, ese indomable deseo de riqueza que consume a los mortales, sino la sanidad de un entramado, el financiero, que presta o debe prestar un servicio público primordial. Los gobernadores —hasta el nombre del cargo se las trae— solicitan, casi exigen, que sus declaraciones sean entendidas como manifestaciones de ortodoxia económica. Es norma que los altos cargos de este tipo de instituciones se vean a sí mismos como audaces exploradores incomprendidos, rodeados de pirañas —más bien tiburones— que aguardan un descuido del héroe. Como toda imagen, esta también tiene su parte de verdad. Pero conviene recordar que las personas, aun instaladas tras una mesa de caoba y con un Zurbarán colgado en la pared del despacho, también tienen sus relaciones personales, sus filias y sus fobias. Cuando la animosidad salta, la autoridad monetaria se comporta como un barbián más de los que pueblan el universo del dinero. Por eso, lo importante en las declaraciones de Mariano Rubio no es lo que dice, sino cuándo lo dice.

El apasionante drama de la autocartera, presentado por el Banco de España como el más nefando ogro del sistema de libre empresa, se plantea en los meses de enero, febrero y marzo del año 89, y se prolonga hasta junio (y lo que te rondaré, morena). Esto es, cuando la fusión Banesto-Central obligó a las dos entidades, como no podía ser de otra forma, a atesorar títulos propios. Ni la más leve admonición sobre el particular salió de Alcalá 50 mientras Toledo y Asiaín hacían lo propio en el norte, pocos meses atrás.

Otro dato ilustrativo es el empeño que el Banco de España puso en la tramitación del decreto que regularía las condiciones para instalar nuevos bancos. Se intentó, y consiguió, plasmar en la norma lo que podríamos llamar teoría de la "catadura del sujeto agente". A la autoridad monetaria le importaban poco los requisitos exigidos a los aspirantes: capital inicial, control durante los primeros años, etc. Lo que realmente le preocupaba era sentar un principio tan ambiguo como la personalidad del aspirante. ¿Y por qué no? Es cierto que el futuro de un banco depende de la capacidad y moralidad de sus promotores. Un dedo bien utilizado es mucho más útil, y quizá más justo, que una serie de condiciones objetivas. Lo malo es que se deja a la libérrima voluntad del dedo quiénes guardan esas disposiciones y quiénes no. Todavía se recuerda con entusiasmo la contestación que el gobernador del banco de bancos dio a un periodista que le requería su opinión sobre Mario Conde: "Yo no voy a hablar de personas concretas. Lo que sí puedo decir es que la calidad de un banquero se mide por su experiencia". Dado que Conde venía de la industria y llevaba un trimestre en el negocio, el amago de carcajada fue general. Esta es otra de las muestras del doble lenguaje del Banco de España: cuando conviene, la experiencia es la madre de la ciencia; cuando no (Escámez), lo prioritario es renovar una cúpula envejecida e insuflar aires renovadores, etc., etc., etc.

El gobernador no tiene quien le escriba

Mariano Rubio nació enfadado. Lleva sesenta años enfadado y los más optimistas opinan que en su lecho de muerte se reconciliará con el mundo.

Cuando Rubio eleva un informe al ministro de economía no advierte que tal o cual cosa podría resultar negativa, sino que es "absurda", uno de sus adjetivos favoritos. Es, al mismo tiempo, uno de los grandes saneadores de bancos que ha tenido el país. Actuó con fuerza cuando se requería, con menos recursos legales de los que ahora dispone, y supo atajar el cáncer por las bravas. Semanas antes de su ratificación en el cargo (julio del 88) nadie daba un duro por su futuro. Se había quemado demasiado defendiendo al Bilbao en su OPA hostil contra el Banesto, y ya era un clamor entre los banqueros el diferente trato utilizado según clientes. Alguien dijo que si se hubiese ido al cumplir su mandato, habría pasado a la historia como uno de los grandes gobernadores del Emisor. Los March, una de las familias más poderosas del país, y de El País, le hubiesen acogido con los brazos abiertos. Pero Felipe González, cuya más gozosa afición consiste en negar las previsiones, le mantuvo durante cuatro años más. Fue una de las peores noticias que podía recibir Mario Conde. Marcaba, además, el comienzo de una serie de sustituciones que acentuaron el mayor defecto de Mariano Rubio: la arbitrariedad.

Como se ha dicho, meses antes Aristóbulo de Juan había huido al Banco Mundial. Aristóbulo de Juan, uno de esos tipos que no necesitan elevar la voz un decibelio para hacerse entender, había servido de freno a los impulsos del gobernador. Ruiz de Alda, el subgobernador, era otra de las bridas. Además, Raimundo Ortega, otro de sus próximos, estaba en su mejor momento. Ortega es un personaje singular. Cualquier aragonés, a su lado, se convierte en un aprendiz de la cabezonería. Su terquedad irritaba la terquedad de Rubio, pero servía asimismo de control. Cuando Ortega cae en desgracia, De Juan ausente y Ruiz de Alda no renovado (lo que ocurriría semanas antes de su muerte en un accidente de automóvil) la situación empeora. Miguel Martín, sustituto de Aristóbulo en el departamento de inspección, es un personaje honrado y capaz, más dado a examinar la contabilidad bancaria que a participar en política bancaria. Ángel Madroñero, el director general más veterano del Banco de España, ha afirmado reiteradamente que "a mí me sacan de esta casa con los pies por delante". Además, su sentido del humor y de las proporciones le convierten en un personaje distinto. Luis Linde es... Luis Linde. No disputará con el gobernador: el sistema monetario europeo y la fortaleza de la peseta ocupa todo su tiempo. Queda Luis Ángel Rojo, eximio economista, nuestra lumbrera para pasear por el extranjero, potenciador del departamento que ha proporcionado al Banco de España todo su prestigio, o sea, todo su poder: el Servicio de Estudios. Rojo es macro, a Rubio le va lo micro. Rubio sin freno, Rubio lanzado.

Todo lo anterior resultaría injusto para con el gobernador del Banco de España sin aludir al papel que le tocó jugar desde aquel 17 de noviembre de 1987, en que Asiaín lanzara la operación Tissot, o cómo comerse Banesto en diez días. Rubio llega a abroncar al presidente del Bilbao y más tarde recibirá la reprimenda de la Moncloa. No es cómodo defender una postura en la que no se cree, contemplar cómo dóciles banqueros tradicionales se suben a las barbas y dejan de respetar la autoridad. Una postura ciertamente difícil, pero ¿por qué la ejecutó con tanto entusiasmo?

En definitiva, el fichaje de Boyer, fechado en noviembre del año 88, no produce los efectos esperados. De paladín de la causa, el ex-ministro se convierte en un lujo demasiado caro. Conde no pierde los nervios. El presidente de Banesto es un extraño personaje capaz de tomar a las cinco de la tarde decisiones de las que se arrepiente a las seis, pero cuando considera que puede ganar se vuelve más tenaz. Es entonces cuando González empieza a arrepentirse de ver a su Gobierno, en la antesala de la Presidencia Europea —otro gran proyecto devaluado—, como manipulador de un proceso entre instituciones privadas. Llega el repliegue. En marzo del 89, hay un momento en que el Presidente del Gobierno interpela por tres veces en un solo día a su ministro económico:

—Oye, Carlos —dice el Presidente como si se tratara de un periodista ávido de exclusivas—. Que me dicen que los March están metidos en lo del Central. Es un rumor que he oído por ahí...

—No hagas caso, Presidente (cuando Carlos Solchaga se refiere a Felipe González habla de "Presidente"; cuando alude a la vicepresidencia, emplea el "Alfonso"). Esos son rumores sin fundamento.

—Carlos —insiste González—, ¿de verdad que ya no tenemos nada que ver en los líos bancarios?

—No Presidente, te aseguro que ya es cuestión de ellos.

—Mira que no quiero que nadie me saque los colores...

—Presidente, tú tranquilo, nadie nos puede decir nada.

Era una forma de hablar. Lo cierto es que las exenciones fiscales solicitadas por Escámez y Conde seguían su curso administrativo. O sea, que cumplían todos los trámites legalmente pertinentes. O sea, que estaban paralizadas.

Entra entonces en juego la teoría del mensaje mediatizado, exquisito planteamiento doctrinal del que incomprensiblemente aún no se ha ocupado Maurice Duverger. Cuando un gobierno comunica algo agradable lo hace directamente, cuando se trata de algo que no le gusta utiliza intermediarios. Solchaga ya no es el de la primavera del 87. Quiere desaparecer de la primera línea de fuego. A bodas me convidan, pensó Rubio, que toma el testigo y alcanza las más altas cimas de intervencionismo. Esta vez nada de forzar situaciones. Con el Boletín Oficial del Estado en la mano, y con documentos llamados circulares, más relevantes que otras normas de rango superior, procédase a aplicar la ley de fugas. Mario, Alfonso, os vais a enterar de lo que vale un peine. El proceso concluyó con la ruptura de la fusión.

El estilo Solchaga

Carlos Solcahaga Catalán, ministro de Economía, Hacienda y Comercio del Gobierno español es natural de Tafalla, pequeña población navarra donde siembras caramelos de piñón y nacen deslenguados. Simpáticos donde los haya, y buenos tertulianos, pero deslenguados. Recientemente, se vio envuelto en una polémica con el diputado populista, Juan Ramón Calero. El portavoz de Fraga le espetó tras una agria conversación en el hemiciclo:

—Entiéndelo, yo por ti siento el máximo de los respetos, pero cada uno juega su papel.

—¡Pero tú eres un hijo de puta...!

La explicación del ministro tiene dos vertientes. De un lado, anima a considerar que se había dudado de su honradez política, "de mí, que tengo el mismo coche que cuando me nombraron ministro en el 82", y de otra, alude al hecho de ¡qué caramba! tampoco es tan grave eso de mentar la madre.

Por esa razón, quienes conversan con la máxima autoridad económica del país se ven obligados a deflactar sus declaraciones. No es que se le caliente la boca, es que el ministro tiene la boca caliente. Sin embargo, muy pocos se atreven a negar su capacidad de síntesis, que le lleva a abordar muchas cuestiones en poco tiempo. De espíritu práctico, Solchaga deja a su segundo, José Borrell, el diseño de la vestidura ideológica de su política. Borrell es un conferenciante brillante casado con la Hacienda Pública. Es el dúo perfecto, por más que sus caracteres les lleven muchas veces a la disputa. Para Borrell, el hombre que llegó a llorar el día en que no le nombraron ministro, la vida concluye con la jornada laboral, por lo que trata de alargar ésta lo más posible. Un buen día, su secretaria le advirtió que un periodista estaba al teléfono y debería atenderle personalmente. Poco después, Jaime Gaiteiro, secretario general de Hacienda, recibía una llamada desde el coche oficial del secretario de Estado:

—Oye, Jaime. Me ha llamado un tal García, que dice mi secretaria que es un periodista muy importante...

—Hombre, será José María García...

—Ese, ese.

Solchaga, Borrell y Rubio son los tres personajes claves de la Administración en el drama de Banesto. En el Ministerio, el equipo Borrell prepara, un poner, la documentación sobre exenciones fiscales de una entidad, y el ministro Solchaga, en línea directa con el presedente del Gobierno, decide si se conceden o no. Solchaga tiene una aversión natural a la alabanza, tan fuerte como su tendencia a la crítica. Ni los reconocidos como próximos —Miguel Boyer o Pedro Toledo— se libran de su órgano más mortal, que es la lengua. Pocos son quienes pueden blasonar de que el ministro les tiene en alta estima. Y justamente uno de ellos se llama Francisco Luzón, actual presidente del Banco Exterior.

Luzón, presidenciable del Central

Para hacer cierta la leyenda de Neguri, Francisco Luzón, que ha copado los cargos más altos en la banca vasca, nació en Cuenca. Hijo de un obrero emigrante que consumió su vida en los astilleros bilbaínos de La Naval, llegaría a ser consejero de Altos Hornos de Vizcaya, el gran proveedor de La Naval. Solchaga y Luzón coincidieron en el Vizcaya, cuando Federico Lipperheide (alias "Fritz") controlaba la división de Internacional. Eran los tiempos en los que el Vizcaya, pobres por su casa en Neguri, pretendían ponerse el mundo por montera. Solchaga lo describe así: "Yo empecé a apreciar a Luzón cuando le vi forjar el negocio internacional del Vizcaya, mientras yo, de señorito bancario, me dedicaba a catalogar los países según riesgo". La tesis de Luzón es algo diferente: "Lipperheide no se entendía con Solchaga, al que vigilaba de cerca. Carlos y yo nos dimos cuenta de que el plan internacional era una cosa de locos. Así que nos dedicábamos a paralizarlo dando trabajos inútiles a todo el departamento, e intentando que aquello no avanzara''. Alfredo Sáenz Abad, hoy consejero delegado del Vizcaya y aspirante a suceder a Pedro Toledo en el cargo de presidente del primer banco del país, opina lo mismo: ''En aquel momento —años 70— los americanos te preguntaban si no pensabas comprar bancos extranjeros. Si les decías que no, te miraban como a un bicho raro. Luego pasó la moda, y ya se vio como les fue''.

Las trayectorias profesionales de Luzón y Solchaga se separaron, pero el futuro ministro de industria y sucesor de Boyer en economía abandonó el Vizcaya convencido de que el gran valor de la banca vasca (que en su opinión es tanto como decir de todo el sistema financiero patrio) era Francisco Luzón. A lo largo de los años intentaría colocarlo en el Banco Zaragozano y en el Instituto Nacional de Industria. El nombre de Luzón era muy socorrido en las conversaciones que, mesa y mantel por medio, sostienen a menudo Pedro Toledo y Carlos Solchaga. Finalmente, Luzón aceptó la Presidencia del Exterior. Solchaga logró así dar el golpe de gracia a uno de sus blancos preferidos: Rafael Martínez Cortiña.

Sin embargo, el tafallés tuvo una tentación mucho más fuerte que la del Exterior. Cuando la disputa entre Escámez y los Albertos estaba en su momento álgido, Solchaga pensó en Luzón como presidenciable del Central. Así, como suena. Se trataba de un golpe de mano de grueso calibre, esos que un gobierno sólo puede permitirse cuando un banco no tiene asegurada su gobernabilidad y en nombre, faltaría más, del interés nacional (jugoso concepto que no conviene olvidar nunca, particularmente cuando se trate de solicitar exenciones fiscales). Luzón sólo lo supo meses después, y por boca del propio Pedro Toledo.

El paso de Solchaga por el Vizcaya supuso también una de las relaciones más interesantes de la vida española contemporánea: la de Pedro Toledo y el ministro de Economía y Hacienda. Cuando la fusión vasca fue una realidad, el BBV —siete billones de activo, más de 30.000 trabajadores en plantilla— se iba a convertir en la primera fuerza financiera privada y la más cercana al PSOE. El maridaje se ha ido revelando cada vez más intenso, con episodios como el de la entrada del banco vasco en el capital de Repsol la primera empresa pública española. Si alguien quería hacer buena la teoría de que el PSOE está buscando el poder económico, como fuerte asidero para cuando pierda el político, tendrá en el BBV el paradigma ilustrativo. Mediado el mes de mayo, se habló del traspaso de diversas cuentas de depósito del Ministerio de Hacienda desde el público Banco Exterior al privado Bilbao Vizcaya. Cuando existe una relación fluida todo se salva. Recuérdese que cuando Toledo le anuncia a Solchaga su propósito de fusionarse con el Bilbao, éste se opone. Su amigo le iba a destrozar todo el plan fusionista, consistente en dos cosas: renovar los liderazgos bancarios tradicionales —particularmente las familias de Banesto, Escámez en el Central y Valls en el Popular— y juntar un banco bueno con uno malo.

Al revés, otro de los chivos expiatorios de Solchaga ha sido Alfonso Escámez. Cualquier funeraria hubiese podido hacer negocio si las veces que Solchaga ha dado por muerto —financieramente hablando— a Escámez se hubiesen cumplido. En esto, Solchaga y Rubio son compañeros de fatigas. No hay manera. Quien dice que va a llover acaba ineludiblemente teniendo razón. Pero también es cierto el comentario del vicepresidente de KIO, Khaled Jaffer, cuando sus colaboradores hispanos le transmitían las sugerencias-órdenes de Solchaga, o sus reticencias hacia Javier de la Rosa: ''Los ministros pasan. He conocido a muchos ministros en muchos países''. Se admiten apuestas: ¿Será Solchaga quien contemple como ministro el cese de Escámez en la presidencia del Central o viceversa?

Los intermediarios (dígase ''brokers'') al poder

Para describir con un mínimo de exactitud el ambiente que ha rodeado la fusión Banesto-Central y el cambio social que experiementa la banca española, es preciso referirse a los intermediarios, útiles instrumentos al servicio de las grandes corporaciones, y que se han convertido en una casta cerrada que aspira y difunde el aire de los nuevos tiempos.

A la figura del ''broker'' podemos echarle toda la literatura que queramos, pero el ''broker'' sigue siendo un administrador del dinero ajeno, pendiente, por tanto, de los deseos, y en ocasiones caprichos, de sus clientes. Las comisiones del intermediario son de muy diversos signos, y lo cierto es que el gestor de patrimonios cobra un fijo por administración y unas comisiones variables, a veces sometidas al éxito de su gestión. Cuando un intermediario habla con pasión del nuevo marco de tarifas eléctricas no pensemos que nos encontramos ante un enamorado de la energía, ni siquiera ante alguien que, de forma altruista, observa con preocupación el devenir del sector y legítimamente considera que puede aportar algo a su mejora. Lo que ocurre es que ha apostado fuerte en Hidrola o Iberduero, y se está jugando algún milloncejo de su cartera y muchos más de las de sus administrados. Por otra parte, su trabajo exige un porte, un nivel de vida que conlleva gastos superfluos de viajes, hoteles, restaurantes, coches de lujo y una vivienda con mayordomo, a ser posible filipino, donde los grandes propietarios a los que invita no se sientan dolosamente humillados. Y pobre de él como no sepa escoger un buen vino.

Por tanto, hay que distinguir claramente entre dos tipos de intermediarios: aquellos que disponen de capital propio, con el que acompañan las inversiones de sus clientes, y aquellos que no lo tienen, y limosnean y se roban mutuamente las oportunidades. Con los primeros se pudo rodar Wall Street o escribir la Hoguera de las Vanidades. Eso sí, también tienen su leyenda negra, heredada de la banca tradicional, que hasta hace pocos años monopolizaba el negocio: viuda obligacionista acude al banco "X" con 200 millones de pesetas. Si la susodicha se preocupaba de conocer dónde se había invertido su dinero posiblemente se encontraría con una lista sospechosamente similar a la cartera industrial de la propia institución, esas carteras que llevaron a la quiebra a tantos bancos. En cuanto al intermediario puro la ficción resulta mucho más interesante que la realidad.

Una conversación entre brokers es uno de los espectáculos cómicos más regocijantes a los que se puede asistir. Entre ellos se practica un metalenguaje compuesto por apócopes, anglicismos, retorcidas metáforas, alusión por apodos y guiños varios. El profano puede adoptar dos posturas: o pensar "este tío es bobo", o simplemente preguntar "¿de qué me está usted hablando?" No obstante, se corre el riesgo cierto de habituarse, o simplemente entrar en el juego para no aparentar lejanía, en cuyo caso habrá que considerar que uno también se ha vuelto medio lelo. Los brokers practican una curiosa ceremonia de aproximación entre ellos. Entre risas y veras pasa el aperitivo, primer plato, segundo y postre. Con un poco de suerte, se entra en materia con el café. Al levantar la mesa, es probable que lo único que se haya conseguido es información más bien vaga sobre posibilidades de negocios, que cada comensal deberá reinterpretar para eludir los embustes que su colega le ha lanzado.

Las juntas de fusión del Central y del Banesto constituyeron el momento álgido para los brokers. Habían llegado tan alto como podían. Cuando el proyecto se rompió su trabajo empezó a decaer. Las fusiones bancarias movilizaron a los grandes gestores de patrimonios del país, que corrieron en apoyo de uno u otro bando en cada refriega. Aquellos que no consiguieron estabilizar su patrimonio y siguieron actuando por cuenta ajena están llamados a desaparecer. Los beneficiados se están volviendo ya hacia la potenciación de empresas —es decir, a trabajar en la economía real—, o han acudido a la especialización. Ha quedado, eso sí, la autoconsideración del broker como una especie de aventurero capaz de las más grandes hazañas. En otras palabras, el intermediario se ha constituido en clase social.

La casa de Juan Abelló

En el otoño de 1987, Juan Abelló vende su casa madrileña, residencia habitual, al broker Pedro Guerrero Guerrero. La mansión del entonces socio de Mario Conde, al igual que la actual, era una especie de pinacoteca privada que revelaba el buen gusto de su propietario. En plata, a Juan Abelló el mundo de la empresa le halaga, pero no le divierte lo más mínimo. Su paso por la Presidencia de La Unión y el Fénix fue una carambola de la historia. A fin de cuentas, se trataba de la gran filial de Banesto. Juan Abelló se propuso aprender el negocio del seguro hasta donde le exigiera su dignidad personal. No más. Lo que a Abelló le divierte es cazar, de lo que entiende es de arte, y el poder lo acepta mientras la sangre no llegue al río.

Pedro Guerrero es uno de los tres socios de la mayor gestora de patrimonios independientes —esto es, no bancaria— que existe en España, y que responde al nombre de Asesores Bursátiles. Comparte propiedad con Salvador García Atance e Ignacio Garralda. Se trata de lo que en la jerga ha dado en llamarse "chiringuitos financieros", que han proliferado como hongos en los dos últimos años por el empuje de los nuevos jóvenes profesionales urbanos (yuppie). El "yuppie" español responde a lo de profesional y a lo de urbano, sólo le falta lo de joven. Algo que está casi mal visto. El que se posiciona, según la precitada distinción, supera los cuarenta y los cincuenta, y suele ser un banquero independizado que pone de nuevo un banco. Pero se cuentan con los dedos de la mano: José María Loizaga, Jaime Soto, Alfonso Fierro, José Luis Várez, García Egocheaga, César Alierta, Álvarez Alonso, los mencionados socios de Asesores Bursátiles... Pocos más. Asesores gestiona patrimonio por valor de 350.000 millones de pesetas. Fue el instrumento utilizado por Construcciones y Contratas para la compra acelerada de acciones del Central, precisamente el comienzo de toda la historia.

La antigua residencia de Abelló es un chalet ubicado en el corazón de Madrid, cómo no, en la pomposa colonia El Viso. La casa permitía su habitabilidad el día después, pero eso podría haber sido entendido en el círculo de los ricos como una lamentable falta de personalidad. Se imponía la reconstrucción total del inmueble. Con tal motivo, Pedro Guerrero organizó una llamada fiesta pre-reforma, donde acudió un buen número de pudientes, muchos de los cuales se convertirían en protagonistas de los sucesos venideros. Allí estaba José Luis del Valle, futuro consejero de Banesto en representación de Cartera Central, subsector KIO, compañero de despacho de Carlos Bustelo y Juan Antonio García Díez. He aquí el poder. El despacho tiene su sede oficial en la madrileña calle de Padilla 1, entre cuyos vecinos se encuentra también el habitáculo madrileño de Javier de la Rosa, representante de KIO en España. Del Valle acudió a la fiesta tocado con un turbante, para dejar bien claro quién era su cliente. Un viaje a Las Bahamas fue el premio de un concurso de baile que cerró el programa de actos (el Caribe se ha convertido en lo más "in" de la nueva casta). Todo esto hubiera servido de inspiración a Nicolás Redondo para cualquiera de sus discursos. Un interesante esfuerzo investigador sería conocer la reacción de nuestros intermediarios cuando el líder ugetista habla de que el cambio de política económica supone volver a aquello de "cada persona, un puesto de trabajo" (frase pronunciada el 1 de mayo de 1989).

El caso de Pedro Guerrero, actuando como agente de los Albertos frente al Central tiene su enjundia, dada la procedencia de este andaluz. Su padre, Pedro Guerrero Jurado, abogado cordobés, fue uno de los consejeros del Central con más influencia en la entidad, que jugó un papel fundamental apoyando a Escámez en el proceso de sucesión de Ignacio Villalonga. Su hijo, en legítimo ejercicio de su profesión, ha jugado en la trinchera de enfrente, con el añadido, siempre el factor humano, de la gran amistad que une a las dos familias desde antaño, en particular a doña Áurea, la mujer de Alfonso Escámez y a la viuda de Guerrero Jurado.

Con todo, lo importante es el deseo incontrolado de triunfo que generaron las fusiones bancarias en España. Coincidía este proceso con la llegada de una nueva generación, posiblemente más sincera que aquella de los Beatles y el mayo francés, que hoy controla todo Occidente. Los jóvenes que hoy llegan al mercado de trabajo, los recién licenciados, no plantean nuevas premisas ideológicas, simplemente exigen su oportunidad. Su horizonte está lleno de sueños de medro rápido. Quieren hacer cosas grandes, pues si contra algo atentan las fusiones es contra la nueva ideología americana, abortada en estos lares antes de nacer: ''Pequeño es bonito''. Lo pequeño, para cuarentones y veinteañeros, en la España de hoy, resulta pusilánime. Y así, los nacidos a finales de los sesenta han encontrado en los cuarentones el modelo a seguir. Sólo les falta el dinero suficiente para que la imitación resulte perfecta y puedan saborear el digestivo de moda en Jaún de Alzate, mientras rememoran los felices tiempos de la revolución parisina.

CAPÍTULO III

A río revuelto

La revolución de Toledo

Los meses de diciembre del 88 y enero del 89 van a ser pródigos en acontecimientos, parciales, mientras se reserva para febrero la resolución final de la crisis del BECC. Como eran pocos en el enmarañado proceso de fusión Banesto-Central, sale a escena la Organización Nacional de Ciegos de España (ONCE), con Miguel Durán al frente, un personaje singular que tiempo atrás ya había decidido no terminar su vida profesional gestionando el cupón.

Cada nueva pelea pública de los Albertos y Conde, y cada intervención del Banco de España, es jaleada con entusiasmo mal disimulado por el resto del sector, cuyos mandarines se refieren en público "al lamentable espectáculo que estamos proporcionando en el extranjero". Lo cierto es que nunca los grandes banqueros españoles tuvieron las manos tan libres para conseguir ese tipo de objetivos en los que una entidad financiera sólo se embarca si tiene seguridad de que la prensa y el Gobierno no se le van a echar encima. Las portadas de la prensa especializada las tenían monopolizadas Conde y Escámez, a pesar de que ambos habían decidido no hablar sino con gente de máxima confianza, que en el segundo caso es nadie.

Por de pronto, Francisco Luzón es nombrado presidente del Banco Exterior, por petición expresa de Solchaga al copresidente del BBV Pedro Toledo. El plan inicial de este era conseguir la red de sucursales en el extranjero del Exterior, la más importante de toda la banca española, y el propio negocio internacional en que el banco público está especializado. Al final, se quedaría sin Exterior y sin Luzón. Solchaga jugó aquí con el malentendido. Sabía que Luzón tenía la suficiente personalidad como para no ser testaferro de nadie. Sabía también que en cuanto tomase posesión del cargo aplicaría su receta: 15 horas de trabajo diario, excluidos saraos sociales e incluidos sábados y domingos. Luzón siente más simpatía personal por el ex-presidente del Vizcaya, Ángel Galíndez, que por su sucesor Toledo. Es, al mismo tiempo, un animal bancario sin ambiciones políticas. Le aburren las grandes definiciones y le preocupa la cuenta de resultados de cada sucursal. Si nos atenemos al manual de Vallseología, o tesis de Luis Valls —disciplina científica aún no suficientemente escudriñada— Luzón no es brillante. Valls sentó cátedra de teoría bancaria cuando, en una conversación con Rafael Termes, le espetó, en referencia a los problemas de Mario Conde: "Desengáñate, Rafael, este negocio no es para gente brillante, es para personas como tú y yo".

Pero Toledo, experto en aprovechar que el Pisuerga pasa por Valladolid para organizar regatas de traineras, no pierde ripio y renueva la cúpula directiva del BBV, tomando como excusa la consejería-dirección general que ha dejado vacante Luzón. Los entresijos del cambio son muchos, pero lo que importa es el final. Juan Manuel Urgoiti, consejero delegado del BBV en representación del Vizcaya, había salido, por motivos personales, meses antes (otro Pisuerga de don Pedro). Será sustituido por Alfredo Sáenz, la persona, que, según Toledo, lleva "bastón de mariscal" (con la diferencia de que, al revés de los oficiales y soldados de Napoleón, consigue llevarse bien con todo el mundo). Se le encarga la red comercial, o sea todo, y entran dos consejeros directores generales de, ¡atención!, 37 y 38 años de edad: Ángel Corcóstegui, para las grandes operaciones financieras, tipo salida del BBV a Wall Street, y José Aureliano Recio, experto en relaciones públicas... para no se sabe qué. En teoría, para llevar participadas tipo leasing o capital-riesgo. En la banca española cuando no se sabe dónde ubicar a alguien a quien se pretende ascender se le nombra director de capital-riesgo o vicepresidente. Recio y Antonio López, encargado de comunicación del BBV, mantienen un odio cordial desde hace tiempo. La causa se desconoce, pero desde su ascenso el nombre de Recio era de los que portaban adjetivo incorporado en la prensa: "El socialista y amigo de Carlos Solchaga, José Aureliano Recio, ex consejero de Economía y Fomento de la Junta de Andalucía, etc., etc.". Antonio López es el manipulador de medios más elegante con el que cuenta la banca española, a gran distancia de todos los demás. A su lado, los aprendices de intoxicadores que han surgido a espuertas en los últimos años resultan zafios y vulgares. Para López, la modestia es un arma eficacísima y la amistad una palabra que conviene meditar. Pero ¡ay de aquel que se salga de este cuadro!

En definitiva, Toledo golpeaba donde más le duele al Bilbao, entidad con equipos de primera línea, pero de los que no habían salido generales. En el Bilbao de Sánchez Asiaín se ascendía por veteranía, con escrupuloso respeto al organigrama. El resultado es que los primeros ejecutivos superaban los cincuenta años de edad en su mayor parte. En el Vizcaya, no. O sea, los romanos frente a Astérix y Obélix. O, de forma más hiriente, el Banco de Bobos y Vivos según la jocosa traducción que los trabajadores del Bilbao hacen de las siglas BBV.

Jocosa también es la explicación que del cambio proporcionaba Carlos Solchaga: "Nada, nada, ahí no se ha roto la equidad. Ha sido un cambio de dos por dos. El Bilbao y el Vizcaya siguen teniendo los mismos hombres en el órgano de gestión más importante". Sí, dos por dos, pero con la elevación del delfín de 45 años, Alfredo Sáenz, a consejero delegado y remodelando el equipo, en lo que se refiere a la órbita Vizcaya, a su gusto. Frente al arsenal Toledo, Asiaín exponía a Álvaro Rengifo, ex-ministro en pretéritas épocas, Enrique Mas, automarginado, y Javier Gúrpide, la esperanza blanca del Bilbao, de sí mismo y de todo el pueblo de Tudela, pero cuya edad no le permite que la transición se alargue demasiado.

El sueño de Pedro Toledo es alzarse a la Presidencia única antes de cumplir los sesenta, permanecer en ella otros dos años y ceder el testigo a quien él desee, y desea a Alfredo Sáenz Abad. El presidente de Banca Catalana fue quien diseñó el actual esquema de poder del BBV, aunque se aplicaría devaluado respecto a sus propuestas iniciales. Lo que Sáenz deseaba era el sistema alemán puro: un órgano colegiado de máxima dirección en el que sus componentes no tuvieran responsabilidad sobre una sola área, sino sobre actividades dispersas en varios segmentos de negocio, de manera que la competencia interna fuera lo más feroz posible. La primera vez que se lo explicó a Toledo, éste concluyó: "¿Seguro que no te has tomado unas copas antes de venir a verme?". Pero al final aceptó y se lo trasladó a Asiaín.

Tras esta operación-coladero, los hombres del Bilbao llegan a la cima de su irritación. Todo culminará en la crisis de diciembre, en la que Toledo, por primera vez, se topa con un enfrentamiento abierto, cuya voz cantante la lleva Rengifo. Era el sarampión que había que pasar. A partir de entonces vino la calma chicha, que estallará con la próxima remodelación: ¿O es que alguien piensa que el actual esquema de poder en el BBV es el definitivo?

Mientras Pedro Toledo, aprovechando la tormenta de Banesto, convertido en el eje de comentarios de la banca nacional, hacía su revolución, Carlos March aprieta el acelerador, y Boada inicia el lento proceso de su propia sucesión. Y lo que le cuesta.

¡Viva la "beautiful"!

Sobre la llamada gente bonita o "beautiful people" hay dos opiniones: ellos defienden que no existe tal cosa; el resto del país que se trata de uno de los grupos de presión político-económicos más importantes de la España democrática. Tanto unos como otros se equivocan. Porque la "beautiful", también conocida como los "preciosos demócratas" o los "marianos", existe. ¿Conoce alguien a un componente de un grupo de presión que reconozca que lo es? Tampoco se trata de uno de los "grupos más poderosos", porque es, sencillamente, el más. Cuando surge el tema en una conversación, quienes apoyan la primera tesis tienen prisa por plantear la siguiente cuestión: ¿Quiénes son esos "beautiful"? La pregunta tiene trampa, pues los marianos tienen un origen claro de relaciones familiares y personales (y entonces habría que hablar de Rafael del Pino, Mariano Rubio, Miguel Boyer, Claudio Boada, López de Letona, etc., y así hasta la Tía Carlota, aquella matriarca de Ribadeo sin la cual resulta difícil comprender la historia de España), y acaban constituyendo una forma de pensar, una ideología; de otra forma no habrían sobrevivido. A esta ideología, que conlleva la creación de una especie de sociedad de mutuo auxilio, se apuntan más tarde hombres como los hermanos March, Alberto Cortina y Alberto Alcocer, Jaime Soto y cuantos controlan la Asociación para el Progreso de la Dirección —siempre la palabra progreso por bandera, modernamente sustituida por la locución Mercado Único— o el Círculo de Empresarios.

De forma temporal, se dan alianzas entre marianos y antimarianos, lo que arroja mayor confusión sobre la identidad del club. Por ejemplo, Escámez, la bicha del gobernador del Banco de España, formó con Boada, Escondrillas y otros preciosísimos un cenáculo anti-KIO, en el que participaba el ministrable de Industria Rafael Suñol, hombre de Narcís Serra, ministrable a su vez de Economía. El moro Muza ha provocado en este país extraños compañeros de cama. El asunto no llegó muy lejos, pues los intereses eran dispares. En ese momento, invierno del 88, sólo se hablaba de fusiones y los kuwaitíes eran uno de los ejes de las mismas. Cuando Suñol preguntaba al respecto a Escámez, se establecía el siguiente diálogo:

—Alfonso, se habla mucho de una fusión Central-Hispano...

—Sí se habla mucho —respondía el de Águilas—. Por cierto, ¿tú me dijiste que eras de Barcelona, verdad?

—Sí, de Barcelona, Alfonso. Entonces, ¿no hay nada...?

—Bonita ciudad, Barcelona.

Suñol fue también el hombre que elaboraría un informe sobre KIO para el Gobierno. Serra se había juramentado contra los árabes, y el informe era demoledor. No es que no le gustaran los árabes. El que no le gustaba era Javier de la Rosa, y lo que le divertía era puentear a Solchaga acudiendo directamente a Felipe González en materias que eran competencia de su colega. Cuando al ministro de economía le preguntó un periodista si era consciente de la ambición de Serra por sustituirle, respondió: "No creo que Narcís quiera ser ministro de economía, lo que quiere es ser Rey". Aclaración: el ministro de Defensa español no es un "beautiful", sólo es narcisiano.

Pues bien, ¿qué es la "beautiful"? Los preciosos demócratas son una serie de personajes del mundo de la empresa que han aceptado las teorías económicas del Gobierno socialista, basadas en la consideración de la economía como un todo, y donde el desempleo ocupa un lugar secundario en la jerarquía de prioridades. Son, al mismo tiempo, un grupo de personajes que se arropan mútuamente bajo el lema de "hoy por ti mañana por mí", lo que les convierte en incombustibles. Son, además, personajes que desprecian las formas. Vamos, que no conciben que exista contradicción entre su presunta ideología progresista y el vivir a cuerpo de rey. Los March, desde su predio mallorquín, no han dudado en sumarse a esta corriente.

¿Quién es la "beautiful"? Hoy, la "beautiful", casi al completo, son los personajes que aparecían en la portada del diario El País, el día en que su editor anunció la composición de una sociedad aspirante a un canal de televisión privada. Allí estaban todos, en nombre propio o "en representación de": Polanco, los March, los Albertos, el Banco Bilbao Vizcaya, los Botín y el socialismo "light" francés de Canal Plus. No hacían falta muchos más para hacer la radiografía del poder en España. No es de extrañar que, pocos meses antes, en plena batalla de imagen con los sindicatos, desde La Moncloa se tocara a rebato contra las actitudes "beautiful" que tantos votos pueden costar. La campaña no ha tenido mucho éxito.

Con los grupos de presión ocurre lo mismo que con los derrumbes bursátiles. El 17 de octubre del 87 se hundieron las bolsas de todo el mundo. Sorprendentemente, nadie había perdido un duro. Todos habían abandonado el barco porque sabían a ciencia cierta lo que iba a pasar, o buscaron valores refugios e incluso más de uno ya lo había avisado. En resumen, ¿dónde están los billones de minusvalías perdidos por millones de accionistas? ¡Ah! es un misterio. El mensaje de la "beautiful" es omnipresente, pero no está catalogado, sus promotores están en los sitios más diversos, pero ninguno se reconoce como tal.

Y vendimos el Urquijo

Es así como el Pisuerga vuelve a pasar por Valladolid y los hermanos Juan y Carlos March dan un paso más en su intento de convertirse en grandes banqueros. Si se pregunta a Carlos March por este objetivo responderá inmediatamente que en España existe una fiebre tonta por la banca y desviará la conversación hacia la presencia industrial del Grupo, que es, efectivamente, copiosa. No existe el menor problema. Carlos March es otro personaje al que le encanta hablar del sistema monetario europeo. Cuando un empresario frecuenta este lenguaje es que está preparando una gran operación, y no precisamente una conferencia.

En el glorioso camino de Juan el silente y Carlos el erudito hacia el poder bancario sólo se ha interpuesto una persona: Luis Valls. Fue el primer objetivo de los dos hermanos, que siguen creyendo que el Popular es el banco más rentable del país. En marzo del 86 se harían con un 20 % de la sociedad Popularinsa, propietaria de cinco joyas bancarias filiales del Popular. Lo hicieron con la inestimable ayuda del presidente del Hispano, Claudio Boada, que les traspasó un importante paquete del 6 % de Popularinsa, que unirían a sus adquisiciones en bolsa. Valls se negó a colaborar. Sabía que Popularinsa era sólo el primer paso para hacerse con el propio Popular. A su entidad le costó 2.000 millones recuperar los títulos y una fusión acelerada de los cinco bancos, en el momento en que los March se ponían a comprar populares como respuesta. Ni un pero surgió del Banco de España a la actitud agresiva de los dos hermanos o a la connivencia de Boada —que seguiría durante un año más empeñado en fusionarse con el Popular—. Con la Ley de Disciplina en Entidades de Crédito, que vería la luz dos años después, los March no hubiesen podido realizar esta operación en secreto.

La relación entre Claudio Boada y Luis Valls había empezado a oscurecerse con una de las iniciativas del nuevo presidente del Hispano. Al poco tiempo de que Boada sustituyera a Albert, el Hispano lanzaba la primera cuenta corriente financiera de la gran banca española. Se iniciaba así la carrera del pasivo caro, del que todos los ejecutivos bancarios se han arrepentido ya. Dado que el Urquijo, filial del Hispano, es la historia de un saneamiento singular, donde los seis grandes bancos contribuyeron directamente con dinero fresco, Valls realizó el siguiente comentario: "Eso es como si le das 20 duros a un pobre y se compra un puro". Boada no estaba en aquellos momentos para valorar los matices de la ironía y le esperó a la vuelta de la esquina: la esquina March, se entiende.

Boada es, ante todo, un pícaro. Su parangón hay que buscarlo en José Vilarasau, director general de La Caixa de Pensions, otro monstruo que por operar desde Barcelona —en la España de hoy o estás en Madrid o estás en las colonias— pasa inadvertido. Uno y otro han utilizado todo tipo de triquiñuelas para conseguir el éxito, uno y otro se apuntan a un bombardeo.

La historia de los March en su lucha por hacerse un hueco al sol de la gran banca española continuó tras la andanada Popularinsa. Llegarían a poseer un 4 % del Popular y un 5 % del Hispano, mientras se negaba la entrada en esta entidad a Marc Rich, el multimillonario español menos conocido de todos. Valls puso en marcha una panoplia de medidas defensivas y los March tuvieron que ceder. Llegó entonces la compra del Banco Urquijo, por el que los hermanos pagaron 57.000 millones de pesetas. Boada, personaje dicharachero y sibilino —"a mí me pagan por mentir"—, había negado durante tres años que el Urquijo estuviese en venta. Sí lo estuvo y de qué forma. El Banco de España llegó a presionar a la banca japonesa condicionando su entrada en el país a la compra del Urquijo. Ángel Madroñero, director general de la institución, harto de que se le interpelara al respecto, respondió en un acceso de hastío: "Pero si no lo quieren ni regalado".

Al final, lo quisieron los March, que no rebajaron por ello su participación en el Hispano: el 5 %, si habla alguien de los March, o el 4 si lo hace un hombre del Hispano. ¿Curioso, no? La venta del Urquijo a los March fue otra hazaña de los "beautiful". El Banco de España se volcó para que los seis grandes bancos aceptaran renunciar a su opción por un precio miserable. Se emplearon todo tipo de presiones, y hasta se llegó a decir que si el Urquijo no se vendía la cuenta de resultados del Hispano en 1988 podría flojear. El Urquijo también recibiría del Banco de España un crédito en buenas condiciones inmediatamente antes de la venta. Es ésta una de las modalidades de ayuda pública que se ha puesto de moda en España, y cuyo presente más grandioso fue la venta de Galerías Preciados a los Cisneros.

Mariano Rubio, con un Gobierno alicaído, se encontraba en su mejor momento. Había pasado el tiempo del rojo Mariano, para convertirse en pilar básico del sistema de libre mercado, expresión de variable significado según quien la utilice. Como ilustración, valga recordar las reuniones que, en vísperas de las elecciones de 1982, celebraban economistas cercanos al PSOE para establecer el programa económico del partido. En una de ellas, Mariano Rubio se empeñó en introducir la reforma agraria, y varios de los que hoy representan las esencias cuasi socialistas de la Administración tuvieron que hacer un gran esfuerzo por convencer al futuro gobernador que no insistiera en el asunto: "No seas rojo, Mariano, que eso ya no vende en los años ochenta".

Al final, ¿cuál es el futuro del Hispano? Para Claudio Boada el que no lo ve es que no quiere verlo. "Está más claro que el agua", por más que esta declaración la hiciera dos meses antes (marzo del 89) de que el Gobierno volviera a insistir en que el proceso de fusiones no había concluido. El plan de sucesión es, a la vez, simple y complejo. Boada seguirá en su puesto mientras el cuerpo aguante. Su sucesor será José María Amusátegui, el hombre que controla la entidad en calidad de consejero delegado y vicepresidente, pero con los March como máximos accionistas a la americana, sin figurar. Ese es el pacto.

Ahora bien, se trata de un pacto a largo plazo. Es, además, un plan sujeto a una de las tentaciones cíclicas de Boada: la constitución del megabanco europeo según el esquema Revell. Este profesor inglés escribió, por encargo del Vizcaya, un afamado informe sobre las fusiones bancarias en España. Si sería afamado que pocos lo leyeron y nadie le hizo caso. Nadie salvo Boada, que disponía de un embrión en su propia casa, llamado Europartners. Lo que Revell viene a decir es que todas las fusiones son malas por naturaleza. A cambio, recogiendo los argumentos fusionistas, propone un esquema incontestable, que sólo choca con los intereses personales o patrioteros. Consiste en alianzas entre bancos de distintos países europeos para operar conjuntamente en banca corporativa —entendiendo por ello la banca de los grandes clientes— y de valores, dejando el negocio doméstico en manos de cada uno de los socios, que operarían con sus redes respectivas en sus países de origen. Así se evitan duplicidades y se es poderoso allá donde hay que serlo: a la hora de los grandes empréstitos o de la presencia en los mercados de valores y de cambios. Por comodidad expositiva podríamos calificar este modelo como red de servicios conjuntos.

Boada tenía los abandonados Europartners, un consorcio mínimamente operativo entre el Crédit Lyonnais francés, el Banco de Roma italiano, el Commerzbank alemán y el Hispano. El instrumento de profundización es el intercambio accionarial, pues ya el Commerz posee un 10 % del Hispano. Cuando sus conversaciones con el Central de cara a una fusión fracasaron, Boada intentó acelerar el proyecto Europartners, pero se encontró con que los franceses e italianos no eran capaces de salvar el escollo de su titularidad pública. El Commerz, por contra, sí estaba dispuesto a colaborar. Aproximadamente una vez al mes, Boada vuelve a hacer alusión a Europartners y, recientemente, incluso advirtió que podía llegar a acuerdos con otras entidades en este sentido. Es un proyecto mucho más ambicioso que el de una fusión nacional, por grande que ésta sea, sólo realizable por alguien que esté en espera de su jubilación, para dar el paso e irse a su casa.

El problema de Europa

La unidad europea es un hermoso proyecto, pero también es un problema. Exige renuncias de soberanía en política y renuncias de poder en banca. Se trata de anteponer el adjetivo europeo al de español, a sabiendas de que el mando puede pasar a un británico, un alemán, o cualquier natural de uno de los países fuertes, tendente a considerar a los españoles como habitantes de un territorio ubicado al norte de Gibraltar. Unirse a un extranjero supone perder más que en la unión con un compatriota. Exigiría, incluso, inmolarse profesionalmente, e inmolar a los próximos, por la idea. Por lo demás, el Gobierno socialista, que tiene una concepción europeísta más bien patriotera, ha pedido fusiones internas. Sólo eso.

Hubo un momento en que también Alfonso Escámez intentó la alianza con una entidad extranjera, en este caso con la Banca Nacional de París, y también mediante intercambio accionarial. No se enteró nadie, ni tan siquiera la propia BNP. Pero sí Felipe González. El murciano se encontraba en aquel momento contra la pared. Los Albertos acababan de entrar. Ni corto ni perezoso se plantó en La Moncloa y solicitó el permiso de Felipe González para llevar a cabo la operación. La respuesta fue una negativa rotunda. La BNP era un monstruo propiedad del Gobierno francés. El nacionalismo volvía a entrar en escena.

Matilde a su aire

La ministra de Asuntos Sociales, Matilde Fernández, tiene la virtud de encorajinar a un mismo tiempo a sus compañeros de Gabinete, a Nicolás Redondo, a Mario Conde, a las feministas españolas y a quien se ponga por delante. Es un caso particular de entusiasta perseverancia en el error. Eso sí, ha logrado que el país se distinga por su originalidad: una entidad de derecho público, como es la ONCE, dedicada a la filantrópica y estupenda actividad de promocionar a invidentes y minusválidos, entra en la batalla de Banesto con un envidiable entusiasmo. Muy suya la ministra, comenta que cuando los responsables de la Organización y los Albertos le fueron a pedir permiso ella sólo les aconsejó que no se dejasen llevar por la vanidad de estar todo el día en la prensa, propósito de difícil cumplimiento, pero en cualquier caso muy loable: "¿Por qué razón nadie critica las operaciones de estos grandes ricos, con gomina o gabardina (por si no había quedado claro) y sí las de una organización como la ONCE?". Eso, ¿por qué? A lo mejor porque los invidentes españoles tienen otras necesidades que las de entrar en inversiones sumamente peligrosas de mínima rentabilidad. Pero, en cualquier caso, a Fernández se le ponían los dientes largos pensando cómo los pobres llegaban al corazón mismo de las finanzas.

El argumento de Miguel Durán, líder de la ONCE y artífice de la operación, era mucho más genial: "Desde dentro de la empresa se podrá lograr mejor la incorporación del minusválido al mercado laboral". Razón por la cual escogieron el sector de la construcción, sin duda uno de los más adecuados para la tarea. Esto es jauja. Todo ello a la sombra de un hombre, Durán, que había conseguido hasta entonces una gestión espléndida en la organización, que pasó de ser un pequeño saco de deudas a un gran negocio. Del cupón al cuponazo, y del cuponazo al desastre. La reacción de Conde fue clara: "Si a los Albertos les dan la ONCE yo me pido la RENFE".

En resumen, a lo largo de los meses de diciembre del 88 y febrero del 89, el sistema bancario español había dado un vuelco que pasaría casi inadvertido para la opinión pública, pendiente de una pelea, la de Banesto y Central, que acaparaba toda la atención. Todas las baterías de los Albertos iban a entrar en funcionamiento en el Consejo de Banesto que tuvo lugar a finales de enero, principio del fin de la fusión, un final aún no explicado. Dicho consejo llevó a los Albertos a la cima. Unas fotos de Marta Chávarri significaron su declive acelerado. El guión de la historia reciente de la banca española lo permite todo menos el desprestigio.

CAPÍTULO IV

El 14-D bancario

Un "lanzao" llamado Antonio Gutiérrez

El 14 de diciembre de 1988 pasará a la historia de España por la coincidencia en tal día de dos hechos absolutamente extraordinarios. Por una parte, Madrid, capital del Estado, amaneció sin tráfico. Ni un cuello de botella deslucía el paisaje urbano de la ciudad. Por otra parte, 40 millones de españoles se percataron de que era posible sobrevivir sin televisión más allá de once horas en un año. Cuando dos trabajadores del ente público, viciando por extensión el derecho de huelga, bajaron la palanca y dejaron sin voz a la locutora Olga Barrio, el telespectador español sufrió un "shock" que no olvidará fácilmente.

Comisiones Obreras y la Unión General de Trabajadores aprendieron entonces que paralizando Televisión Española paralizaban el país. No es de extrañar que, cuando poco después Luis Solana sustituía a Pilar Miró en la Dirección General del Ente Público, una de las primeras llamadas que recibió fue la de Nicolás Redondo. El viejo luchador advirtió a la "sonrisa del régimen" que ni se le ocurriera despedir a los dos protagonistas de los hechos, para lo cual sólo hubiese tenido que firmar la papela ya elaborada por el equipo Miró. Durante los seis meses siguientes, los sindicatos consideraron que era muy difícil volver a realizar la hazaña de TVE, y entonces —otro descubrimiento del 14-D— se aplicaron en el sector transportes. Los sindicatos son conscientes de que paralizando los medios de locomoción, con un mínimo esfuerzo huelguístico, se paraliza todo. La insistencia en darle vueltas a este manubrio puede significar su ruina.

El éxito de la huelga general, que ningún vocero podrá ocultar en el transcurso de varios años, sorprendió al Gobierno. Fue un repliegue sobre sí mismo y una cura de humildad que tenía bien merecida. Como afirmaba en vísperas del acontecimiento el cineasta Manuel Gutiérrez Aragón, "yo no sabía si secundar la huelga, pero Benegas me ha convencido". El significado último habrá que buscarlo en la teoría y no en los hechos. Nada ha cambiado desde aquel día, salvo la sensación de que había nacido una nueva política, que ha calado en amplias capas sociales, convencidas ahora de que sí existe una alternativa, y cada vez más asqueadas de lo que el propio presidente González denominó "riquismo". Los nuevos banqueros son el ejemplo que hace renacer la vieja idea que hasta los más menesterosos llevan dentro: "¿Por qué ese señor nada en la abundancia y mi hijo licenciado no encuentra trabajo?". O, arrastrando el argumento hacia otro de los grandes problemas del país: "Usted puede decirme que ha incrementado las pensiones un 10 %, pero yo en mi nómina veo que he pasado de 30.000 a 33.000 pesetas, que sigue siendo una miseria". Los grandes movimientos sociales se recrean en ideas tan simples como éstas, perfectamente asimilables por todos. Si a ello se une la irritación que causa el empeño de los ministros socialistas en recalcar tan sólo la parte positiva de los problemas, la mecha se enciende. Por pura cuestión de estrategia, no se puede pregonar que el paro realmente no va tan mal (se crea empleo y hay mucho fraude), o que la inflación es nuestro principal problema ("pues es el impuesto que más grava a los pobres"), etc.

Puede que Antonio Gutiérrez y Nicolás Redondo no hayan conseguido nada para sus representados. Puede ser también que hayan cometido el error de su vida al no aceptar los 350.000 millones de pesetas en que se cifró la última oferta del Gobierno, pues con ese gasto hubiesen condicionado toda la política económica hasta las próximas elecciones. Puede, en fin, que sus plantones hayan hecho pasar de la sima a la cima al denostado Carlos Solchaga, que con las medidas contra la inflación aprobadas en el Consejo de Ministros del 12 de mayo del 89 —un a modo de no queréis caldo, pues tomad dos tazas—, vuelve donde solía. Pero con todos estos condicionantes, la idea de la disparidad de oportunidades es ya patrimonio de la mayoría. Contra esta idea difícilmente poco pueden las explicaciones técnicas, cuyo efecto viene mermado por la pedantería de los entendidos, incapaces de hacer comprensible su mensaje.

El presidente del Gobierno cometió un gran error al exigir, en la primera conversación después del 14-D con Antonio Gutiérrez y Nicolás Redondo, que se grabara el diálogo. La verdad es que aquello dinamitó el proceso. Si se leen las transcripciones, uno se da cuenta de que no hubo diálogo, sino una conversación que cada uno de los tres presentes mantenía con el magnetofón. Una especie de mitin a tres bandas en el que cada interlocutor se dirigía a su público. Para colmo, allí estaba Antonio Gutiérrez, el fenicio más lanzado con que cuenta el solar político español. El líder de Comisiones no siente el respeto fraternal por González que aún anida en Nicolás Redondo. Antes de entrar alentó a Redondo para que aparcara el tratamiento de presidente. Allí sólo estaban Felipe, Nicolás y Antonio. Gutiérrez se convirtió para González en lo que García Ambrosio había sido, y volvería a ser, para Escámez, una "mosca cojonera", en palabras de un alto ejecutivo del Central, que tenía la virtud de sacarle de quicio.

Lo que tanto se ha criticado a los sindicatos, haberse constituido en alternativa —algo propio de la oposición, no de las centrales sindicales—, ha sido su gran arma. Resulta que sí existe otra política y resulta que es más de izquierdas que la del Gobierno de izquierdas. Ahora bien, el gran peligro sigue siendo el complejo de inferioridad de los no iniciados respecto al hecho económico. La sensación que existe en el país es que el Gobierno es más culto que los sindicatos, idea alentada desde el PSOE con entusiasmo, y si hace lo que hace no es porque le guste, sino porque dolorosamente se ve obligado a ello. Los ministros saben lo que se hacen, el ciudadano no sabe ni de qué están hablando. Nicolás Redondo —piensa la gente— es un hombre honrado, pero no un economista. A lo mejor se equivoca. Entre las "medidas fiscales y presupuestarias para frenar la demanda interna" de un Solchaga, y el "cada persona un puesto de trabajo" de Nicolás Redondo, media un abismo de puesta en escena.

En resumen, lo que han hechos los sindicatos es grandioso, pues significa un auténtico vuelco, consistente en poner en evidencia que la economía no es una ciencia exacta —o al menos no lo es la política económica—, sino una opción ética, que gira alrededor del principio de justicia. Este es el cambio y el éxito del 14-D.

Tagore tenía razón

Cuenta el novelista indio Rabindranath Tagore la historia de un águila que fue hecha presa y atada por la pata a una cadena. El animal realizó improbos esfuerzos por liberarse. Con cada tirón, el ave iba rompiendo el más débil de los eslabones. Fue con el último esfuerzo cuando consiguió romper el hierro. Pero, justo entonces, el animal había abandonado la lucha y allí quedó, libre y esclavo a un mismo tiempo para siempre.

Puede que a partir de ahora el lector tome el firme propósito de no leer jamás a Tagore, pero esto es justamente lo que sucedió con el Banesto-Central. En el momento en que el Gobierno, acogotado ante la ofensiva sindical, reduce su vigilancia sobre Mario Conde, el presidente de Banesto empieza a aceptar la posibilidad de que la fusión no se lleve a efecto. Cuando el 24 de enero los Albertos montan un nuevo "show" en el Consejo, el Gobierno, no Mariano Rubio, sólo tuerce el gesto. Los Albertos se niegan a aprobar la cuenta de resultados de la entidad. Con un presidente del Gobierno dubitativo sobre la posibilidad de plantear elecciones generales, su caballo de Troya empieza a dar el espectáculo de las rencillas financieras. En enero del 88, Solchaga habla de "dejar manos libres a Conde, la fusión es prioritaria". Aún más, se anunciaba para finales de enero la concesión de las exenciones fiscales a Banesto y Central. Escámez había obtenido gran parte de lo que quería. Ya sólo faltaba colocar a Epifanio Ridruejo y que la Comisión Industrial, que ni se llegaría a reunir, y donde Abril Martorell se preparaba para jugar su papel, empezara a actuar. El águila había roto la cadena, pero no se sentía con fuerzas para emprender el vuelo. De hecho, aún dudaba que la cadena no fuera tan fuerte como antes. Los Albertos tenían que actuar y pronto, dando la campanada, en defensa de los intereses de Banesto, claro está. Aristóbulo, tu turno.

Mientras, Mariano Rubio empezaba a jugar con el encantador concepto de la autocartera. Con dos cotizaciones sospechosamente paralelas, el ardid no podía fracasar. El dicharacho de los operadores en el parquet madrileño era el siguiente: ¿Qué tal Banesto y Central? ¿Repiten o han bajado cinco? El canje una por una exigía acumular autocartera por los más diversos métodos. El barro empezaba a endurecerse. Entre tanto, en el Central, Alberto Cortina y Alberto Alcocer mantenían el cerco de adulación a Escámez, y sus hombres, García Ambrosio y Álvaro Alepuz, no abrían la boca para no comprometerse. Al escandaloso Consejo del 24 de enero en Banesto sucede el del 25 del Central. Al final de la exposición, Alberto Cortina afirmaría: "Esto sí es dar información y no lo de Banesto". García Ambrosio debía tener una opinión distinta a la de su jefe, pues tres meses más tarde, en el mismo Consejo, diría lo contrario, y acusaría a Escámez de no proporcionar información mientras se negaba a aprobar las cuentas, ya aprobadas —y felicitadas— en enero, con el visto bueno del Banco de España. Y aquí conviene detenerse en el personaje para no extraviarse.

Don Romualdo

Cuando, John F. Kennedy decidió jugar duro con Nixon en las presidenciales norteamericanas del 60, hizo imprimir unos carteles en donde aparecía un retrato de Richard Nixon exhibiendo uno de los mejores ceños de su colección. Debajo, se podía leer el siguiente mensaje: "¿Le compraría usted a este señor un coche usado?". Las disputas financieras de este país no dan para tantos alardes de imaginación, salvo que se considere el análisis jurídico interesado como un nuevo tipo de género literario.

García Ambrosio tiene la típica expresión de quien ha recibido una mala noticia a primeros de siglo y no se ha recuperado todavía. Cuando uno habla con él su imagen se desdibuja y empieza a metamorfosearse en una especie de coraza impenetrable. A medida que pasa el tiempo, y cuando su interlocutor considera que en la naturaleza pétrea que tiene delante se va a abrir una grieta, descubre desolado que no. Ya puede tratarse de una conversación larga o corta. García Ambrosio le echa paciencia a las cosas sin mover un párpado. Se le puede someter al tercer grado. Es una roca. Uno acaba por plantearse la siguiente pregunta: ¿García Ambrosio cree realmente lo que dice? Si un caballo se convierte en un camello cuando es analizado por una comisión comunitaria, en manos de García Ambrosio semejaría un elefante con trompa, colmillos y rabo. La máxima ilusión que puede tener un mortal metido en pleitos es ser defendido por él. Si Romualdo García se empeña en demostrar que el color de un perro es verde, sólo caben dos posibilidades: o se acepta que nació verde o se sufre daltonismo.

Es, con mucho, el más eficaz de cuantos abogados se han inclinado por el mundo de la empresa, y en particular de la banca. Capaz de retorcer cualquier argumento a su favor, Construcciones y Contratas no hubiese podido soportar sin él los duelos que ha mantenido en el universo bancario sin salir escaldada. Ha puesto en tensión a Escámez, conseguido de éste y de Conde mucho más de lo que esperaban los propios Albertos y, al final, consiguió cargarse la fusión. Lo suyo no son las soluciones brillantes, sino los planteamientos más simples expuestos con reiteración y sin asomo de desaliento. Ahora, recuperado de la salida de Alberto Cortina de Construcciones ha convencido, tanto a los veteranos como a los novatos del Grupo, de que se puede y se debe controlar el Central. Pocos han tenido ocasión de comprobarlo, pero parece ser que es capaz de reír.

El informe Torrero

Otro personaje que ha jugado un importante papel en esta historia es el catedrático de universidad, Antonio Torrero Mañas. Socialista, al que el Gobierno se le ha quedado a la derecha, fue nombrado consejero de Banesto en enero del 88, en la primera remodelación de Mario Conde, una mezcla de pro-socialistas bien encajado en las más rancia y derechista entidad financiera española. Torrero fue el principal agente utilizado por Conde y Abelló para comprar acciones en su operación de entrada en Banesto, con López de Letona intentando impedir el acceso. Torrero fue, asimismo, el encargado de llevar a efecto la operación Popular, el primer banco con el que Mario Conde pensó en fusionarse nada más alcanzar la Presidencia de Banesto. Torrero fue nombrado consejero del banco, en el más literal sentido de la palabra, pues pocas veces ha estado dispuesto a dejar de considerar su vida académica como el eje de su actividad profesional.

Torrero Mañas siente tanta admiración por Keynes que ha intentado una identificación total con el lord inglés. Es un caso similar al de Menéndez Pidal y El Cid Campeador. En primer lugar, su trato resulta tan áspero como el del británico. En segundo lugar, Torrero es de los que predican con el ejemplo, al igual que hiciera Keynes. Para que no hubiese ninguna duda acerca de la validez de sus teorías económicas, Antonio Torrero compagina sus ensayos con la inversión en bolsa, con lo que ha forjado desde la nada un bonito patrimonio. No se trata ni mucho menos de un consejero dócil. Tampoco para Mario Conde. En cierta ocasión, el presidente de Banesto le comunicó la fecha de celebración de un Consejo. Torrero respondió que no podría acudir, pues a esa misma hora tenía una cita con sus alumnos. Conde le pidió que cambiara su horario lectivo. Torrero se mantenía en sus trece. Conde apretó el acelerador y le exigió su presencia. Torrero, sin inmutarse, respondió:

—Mario, no voy a asistir al Consejo. Tengo una clase en la Universidad. Y no fue.

Con decir que Torrero es uno de los pocos personajes que han caído en gracia a Pablo Garnica Mansi ya está dicho todo. El ex-presidente de Banesto sigue empeñado en que Torrero escriba un libro con "toda la verdad sobre Banesto". Mejor fuente no se podía pedir.

Torrero es, en definitiva, un personaje tan respetado como temido. Un economista, al igual que el ex-secretario de Estado de Hacienda, José Víctor Sevilla, que podría arropar semánticamente los principios ideológicos de Nicolás Redondo. El libro no parece que vaya a escribirlo —está preparando uno sobre Keynes— pero sí fue el autor de uno de los más demoledores informes que se han realizado en la historia reciente de la banca española. El objetivo: analizar la situación en que López de Letona deja Banesto a sus sucesores. El destinatario: el vicepresidente del Gobierno, Alfonso Guerra. Fue entregado en los primeros días del mes de febrero. Ese trabajo da sentido a muchas de las incógnitas de la tan manida situación de Banesto en los últimos tiempos.

En pocas palabras, el informe venía a contradecir las palabras de López de Letona, en el sentido de que el conjunto de los agujeros de Banesto —Garriga, Coca, Agromán, Banco de Madrid, etc.— habían sido plenamente subsanados con cargo al ejercicio 87. Por contra, lo que se había hecho era identificarlos y cuantificarlos, pero sólo parcialmente neutralizarlos. Así, Torrero afirmaba que de haber aflorado contablemente todas las pérdidas, el ejercicio 87 debiera haberse cerrado con unas pérdidas de 58.000 millones de pesetas, cuando el equipo López de Letona presentó unos beneficios de 30.000 millones, con la aquiescencia del Banco de España. En definitiva, la acusación era tan grave como ésta: Banesto no había contabilizado 88.000 millones de pérdidas en 1987. ¿Que cómo se hace esto? Es muy sencillo. Se llama juego de las falsas periodificaciones contables. Un hombre de los Albertos, que días antes había colocado contra las cuerdas a Conde, lo resumió así en su ya aludida conferencia "De buenos banqueros a malos banqueros". Todo consiste en "anticipar la contabilización de los ingresos y posponer la de los gastos, con frecuencia aplicando a la contabilización de los ingresos el principio de devengo y no del cobro, aunque el cobro sea muy dudoso, y aplicando a los gastos el del pago, y no el del devengo".

Era la herencia recibida por Mario Conde, que tuvo que aplicar a ello todos sus esfuerzos, también los criticados resultados atípicos. Lo sorprendente de todo esto no es que López de Letona presentara esas cuentas a los accionistas. Dado el banco que se encontró, las dificultades internas que se le presentaron, y el hecho de que un año antes ya hubiese tenido que recurrir a las reservas para poder repartir dividendo, le impelían a no retrasar más la exposición pública de beneficios. Lo que sorprende es que Mariano Rubio permitiera este tipo de práctica, para reiterar durante todo el ejercicio 89 la necesidad de mantener la ortodoxia contable, en clara alusión a un Mario Conde que, precisamente, estaba "desfaciendo el entuerto". Al concluir 1988, las cuentas de Banesto aún presentaban 23.000 millones pendientes de sanear, aunque antes de la ruptura se planteaban con cargo a las plusvalías de fusión. El banco, en 1989, deberá quedar limpio, y a la vista de los resultados del primer trimestre, todo parece indicar que así será. En resumen, el ejercicio 1988 de Banesto estuvo hipotecado por unas pérdidas que todo el mundo había dado por subsanadas.

No por ello Mariano Rubio dejó de acosar. El Banco de España se negó a aceptar para Banesto y Central un dividendo por acción superior a las 175 pesetas. Ello exigía al Central repetir, un auténtico brete para Escámez ante sus accionistas, y posiblemente, un descenso en la cotización en plena fusión. A un accionista se le pueden contar muchas cosas, pero no que va a obtener el mismo dinero por sus acciones que el año anterior, al menos desde que todos sabemos lo que es el Índice de Precios al Consumo.

En definitiva, cuando finalizaba el mes de enero del 89, Mario Conde empieza a pensar seriamente en la retirada. Los acontecimientos de febrero le ayudarán a decidirse, pero antes llegaron las fotos, malas y malditas fotos, de Viena. Fue entonces cuando se descubrió que la mujer más rica de España era una tal Alicia Koplowitz, de profesión sus labores. Y también fue entonces cuando 40 millones de españoles pasaron a ser un poco más cotillas de lo que eran, a costa de la vida privada de un matrimonio. Sincrónicamente, las relaciones entre KIO y Construcciones y Contratas se habían enrarecido, digamos por omisión. Bien está ser convidado de piedra, pensó Javier de la Rosa, pero por lo menos quiero saber el sueldo de Boyer. Además, el Gobierno presionaba. Se había pactado que KIO pasaría del 48,8 % de Cartera Central al 40 %, por el sencillo método de no acudir a la ampliación de capital de Cartera Central, por valor de 21.000 millones de pesetas. Ese dinero se utilizaría para que los Albertos pagaran los créditos, por valor de 11.000 millones, procedentes del Bilbao Vizcaya y del Santander, con el que en parte compraron a KIO la mayoría de la propia Cartera, y para seguir comprando banestos y centrales a fin de poseer el 10 por 100 del futuro Banco Español Central de Crédito. Pues bien, resultó que los Albertos no podían aportar la cantidad y hubo de acudir el capital árabe en la proporción de siempre. Jaffer, vicepresidente de KIO, había manifestado a los Albertos su malestar ante las noticias que llegaban de España, cuyo sector bancario empezaba a parecerle una jaula de grillos. En la práctica, con la ruptura de la fusión y la marcha de KIO, la ampliación quedó en nada, pero días después, los kuwaitíes anunciaban su marcha.

Por supuesto, Miguel Durán, que no decaiga, seguía a su aire. En un momento de alegre debilidad ofertó por toda la autocartera de Banesto y de Central ¿Quién da más? Lo gracioso hubiese sido que Conde y Escámez hubiesen aceptado la apuesta. La casa encantada podría haberse convertido en casa quebrada.

A KIO se le atraganta Ercros

KIO también tenía sus problemas. La fusión de Explosivos Río Tinto y Cros había costado una fuerte pugna con José María Escondrillas y una serie de rifirrafes con el Ministerio de Industria. El Gobierno se había tranquilizado con el nombramiento de Javier Vega de Seoane como líder del entramado resultante: Ercros. Las imágenes tienen su valor, y el hecho de que el presidente de Cros, Francisco Godia, tuviera en su despacho un retrato del general Franco, así como su avanzada edad no resultaba especialmente grato. Pero lo más grave fue que la digestión de una fusión de esas características se empezó a mostrar muy pesada. Los bancos, por su parte, arreciaban solicitando concluir de una vez el problema de la deuda de ERT. Ya sabes, si le debes un millón al banco estás en poder del banco, pero si le debes 1.000 es el banco el que está en tu poder. Como diría un alto ejecutivo del Hispano, uno de los bancos acreedores: "Ustedes han pasado malos momentos y nosotros hemos sido muy comprensivos. Pero ahora a ustedes les va muy bien, así que los prestamistas queremos nuestra parte de ese pastel tan sabroso". ¿Qué será de este país el día en que no tengamos a Claudio Boada para traducirnos los mensajes de los mandarines del dinero y la política?

Amanecía el año 89. Francisco Luzón, recién estrenado en su cargo de presidente del Banco Exterior, se echa a los ojos los créditos de pronto vencimiento... y los ojos se le quedan clavados. El 17 de agosto del 88 el Exterior había concedido a Cros un crédito de 15.000 millones de pesetas, que vencían seis meses después. A Luzón nadie le había dicho que los prestatarios se hubiesen dirigido al banco, por lo que decidió dirigirse él a los prestatarios. Comienza entonces un curioso proceso. Teléfonos que no responden, particularmente el de Vega de Seoane, y una sospechosa falta de información sobre cómo se va a ejecutar una amortización que está en el límite de su vencimiento. La primera llamada es para Boyer, que afirma no saber nada del asunto. El presidente de Cartera Central remite a Martínez Cortiña. Para un crédito cuya cuantía superaba en un 50 % todo el beneficio del Exterior en 1988 (10.000 millones de pesetas) la respuesta merece pasar al diccionario humorístico de Noel Clarasó. Martínez Cortiña tiene una salida mejor, que podría resumirse así: ¿Qué me dices, que no pagan? Al final, Luzón siente la tentación de enviar un télex a la central de KIO en Londres, télex que llega a redactar. Al final, entre admoniciones gubernamentales, decide ir a por todas y preparar la ejecución judicial del crédito. Podía haber sido el gran escándalo del año. Fue el propio Martínez Cortiña quien se dirigió a Cros para ofrecer el crédito. En el formulario figuraba como crédito de tesorería, pero lo cierto es que fue empleado para el "servicio de la deuda" de ERT. Y resulta que el Banco Exterior también figuraba entre los acreedores.

Javier De la Rosa tiene que tomar cartas en el asunto directamente. En una larga y tensa conversación, mantenida en la sede central del Exterior, y en la que participa también Vega de Seoane se logra el acuerdo. Ercros pagará. Lo hará de forma inmediata y computando los intereses de demora. Pero se habrá roto la ligazón entre el Exterior y De la Rosa, posiblemente uno de los mejores clientes bancarios que puedan darse en el país. La publicación de la operación provoca que los bancos acreedores insten a Ercros la conclusión de la deuda de Explosivos Río Tinto. Así se hizo, y KIO se vio obligado a poner dinero fresco, una aportación que no estaba prevista en el guión. Queda por desentrañar cuál fue el contenido de las conversaciones tras las que el Exterior concedió dicho crédito. De otra forma, no se comprende la pasividad de los hombres de Ercros a la hora de pagar. Es como si previamente se les hubiera prometido una demora en el pago que no figuraba en los papeles.

CAPÍTULO V

Las fotos de Viena

Diez Minutos quiere ser revista de información general

Durante todo el mes de enero de 1989 Alfredo Fraile, asesor de imagen de Javier de la Rosa, se dedicó a la negociación editorial, juego un tanto desagradable consistente en lograr que varios medios de comunicación, en particular revistas, aceptaran no publicar unas fotos conseguidas en la calle madrileña de Alberto Bosch. Los protagonistas eran Alberto Cortina, casado con Alicia Koplowitz y máximo ejecutivo de Construcciones y Contratas, padre de tres hijos, y Marta Chávarri, casada con el marqués de Cubas, madre de un niño de cinco años. Fraile asegura que las reacciones de las empresas periodísticas fueron diversas: "En el Hola se comportaron como unos caballeros, otros no tanto, y en Diez Minutos no hubo manera de pararlo". Con esa sencilla frase, Fraile aludía a dos carretes distintos. El primero, que logró detener, era el de Madrid. El segundo, que finalmente fue publicado, recogía las imágenes, borrosas, de Cortina y Chávarri saliendo de un hotel de Viena. Hasta Austria había llegado la persecución.

Lo que más irritaba a Fraile era la inacción de los responsables de imagen del grupo Construcciones. Era él quien se veía obligado a intentar frenar el estallido de un escándalo anunciado, justo en el momento en que KIO empezaba a sentirse incómodo en Cartera Central, y las relaciones entre Javier de la Rosa y los Albertos se enfriaban progresivamente. De la Rosa define a los dos primos de Construcciones de la siguiente manera: "Son gente maja. Hombre, eso sí, son madrileños —lo que en la jerga rosiana es, en el mejor de los casos, una desgracia que el damnificado debe sufrir con resignación— muy chuletas". Con el escándalo ya en la calle, De la

Rosa aseguraría: ''Alberto Cortina sigue siendo mi amigo. Por razones religiosas no estoy de acuerdo con lo que ha hecho, pero sigue siendo mi amigo''.

Posiblemente, el periodismo español escribió una de sus peores páginas a partir de ese momento. Fotos que desaparecen, fotos compradas, fotos falsas, ensañamiento con personas (especie animal que la Academia de la Lengua define como ser animado racional, lo que no deja de ser un alarde de optimismo de la venerable institución), y una explosión de rumores que afectaban a toda la clase financiera del país. El problema del periodismo español es que entre el Estado y cuatro editoriales controlan todo el negocio. Casi todas las publicaciones están ligadas a grandes grupos empresariales, que en España es tanto como decir a grandes grupos bancarios. Así pues, cada cual defendió a su bando empleándose a fondo. Primero se decidió quiénes eran los buenos y quiénes los malos, y luego se elevó la anécdota a categoría moral o económica. La abstracción siempre ha dado para mucho.

La segunda característica del país en materia de comunicación es lo que podríamos llamar doble opacidad. Por una parte, nuestros hombres públicos tienen una inagotable querencia al secreto: se informa poco. Por otra, no existen ni legislación ni aparato judicial eficaz para reprimir la injuria. Dicho de otra forma, resulta muy difícil para un periodista ser riguroso en sus informaciones, por falta de información, y relativamente sencillo caer en el juicio sobre personas, que posiblemente no acudirán ni a la rectificación ni a los tribunales, sabedoras de que el remedio puede ser mucho peor que la enfermedad.

Para el lector extranjero de nuestra prensa, durante los tres meses siguientes —y el asunto tiene trazas de no acabar— el país debía semejar una especie de Patio de Monipodio, cuando no de casa de lenocinio. El fuerte espíritu de cuerpo, que a veces es puro espíritu sectario, de la prensa española hace muy difícil levantar la voz contra los excesos sin que se invoque el artículo 20 de la Constitución. En plata, el periodista español no admitiría que se le tratase como él trata a financieros y, un poco menos, a los políticos. Se siente protagonista de una misión histórica, cuyos excesos puede justificar con un par de lugares comunes acerca de la libertad de expresión. Posiblemente, el hijo mayor de Alberto Cortina, ya en la adolescencia, no opinará lo mismo. Y es un triste consuelo justificarse a través de los ejemplos de amarillismo que se dan en países más avanzados. Es cierto que la prensa española no alcanza los excesos de británicos y alemanes, pero eso sólo lleva a la conclusión de que británicos y alemanes son, en este sentido, aún más impresentables.

La reacción del sector bancario, cuajadito de una moralina de salón, muy progre y comprensiva hacia la debilidad ajena —no vaya a ser espejo de la propia— tampoco supo estar a la altura. Se dio a los mohínes versallescos y, como siempre ocurre en estos casos, disfrutó de lo lindo sin aflojarse la corbata. Ocurrió lo mismo que con los capones que Ruiz Mateos propinara a Boyer. La caricatura era esta:

—"¡Qué vergüenza! —se juramentaba el banquero de turno, para añadir a renglón seguido—: Pero viste cómo le atizaba; ponía el puño así, así... que te arreo, que te vas a comer las gafas". Y todo ello en medio de grandes carcajadas y gestos propios de los teatros de variedades en los que recalaban los viajantes de paso por Madrid. Como los viajantes han pasado a la historia, nos quedan nuestros financieros para recoger el testigo. Pero eso sí, qué vergüenza, que estas cosas ocurran en el sur de Europa.

Este es un país extraño para los escándalos. Los hay que pasan totalmente inadvertidos a pesar de su trascendencia. Otros, sin embargo, se convierten en filones inagotables de noticias. Con el vicepresidente del Gobierno se podrían escribir libros sobre la materia, pero fueron las fotos de Viena las que desencadenaron la marejada... y Gary Hart debe estar deseando nacionalizarse español para concurrir a nuestras elecciones. Además, el desgraciado incidente —que diría Chesterton— de Marta Chávarri fue cuna de un sinnúmero de rumores. Nacía así la acusación al revés. Poco menos que un "estamos dispuestos a creer en su honradez y en su honestidad, pero ¿quiere hacer usted el favor de demostrármelo?". De repente todo el mundo tenía algo que ocultar. Los más necios de nuestros prohombres políticos o económicos optaron por convertir la defensa en ataque, vanagloriándose de sus golferías, a veces inexistentes. El resto se tapó los oídos, amedrentados ante el nuevo ruido social que amenazaba con romperles los nervios. Volvió a salir a la luz la historia de la amante de Pedro Toledo. "Hay fotos, hay fotos", rugían los buscadores de basura. Y efectivamente existían dichas fotos. Se trataba de unas instantáneas del copresidente del BBV en la plaza de toros de Bilbao acompañado... de su hija mayor. Valía todo: el que no tenía desviaciones sexuales tenía un chalet en una urbanización ilegal de Guadalajara, e incluso podía estar implicado en tráfico de armas. En aras de la igualdad de oportunidades, la mujer pasó de víctima a verdugo en el tablao de las vanidades hispanas, y aquí no hubo ministra, banquera o aristócrata que no hubiese adoptado posturas "liberales" —¡pardiez!, que palabra mas fructífera—. Al final, la empresa editora de la revista Diez Minutos solicitó su inscripción en el apartado de publicaciones de información general a efectos del control de la Oficina para la Justificación de la Difusión (OJD). Esther Koplowitz no dejaba de repetir, aún cinco meses después.: "¿Pero cuándo va a acabar esto?".

España conoce a Alicia Koplowitz

Las consecuencias financieras, que no frívolas, de las fotos de Viena fueron, con todo ello, muy importantes. Los Albertos, días antes, y con un Gobierno sólo pendiente del próximo Debate sobre el Estado de la Nación, se habían colocado en la mejor posición frente a Conde, asediado por mil frentes externos e internos. Por un lado, Juan Herrera, presidente de Petromed, se negaba a fusionar esta sociedad de Banesto con la Compañía Española de Petróleos de Alfonso Escámez, más grande pero también menos rentable, y aceleraba su pacto con la British Petroleum, una de las siete hermanas o grandes monstruos de la energía mundial. Por otro lado, Pablo Garnica Gutiérrez, hijo del ex-presidente, y Jacobo Argüelles, se habían unido a los representantes de Cartera Central negándose a aprobar las cuentas de Banesto. Era el final de las buenas relaciones del equipo Conde con un sector, el más importante, de las familias tradicionales de la entidad. Mario Conde seguirá teniendo el apoyo de un segundo sector de tradicionales (los hijos de... en su mayor parte) entre los que destacan el irónico Ricardo Gómez Acebo, vicepresidente, y César de la Mora, que parece haber nacido para darle la razón a Conde.

Pues bien, con las fotos todo se hunde en Construcciones. La historia de este Grupo desde noviembre del 87, con el que deciden entrar en el mundo bancario con el sano propósito de desplazar a Escámez, es el relato de una conversión en gran empresa. Por facturación ya lo era desde hacía muchos años. Por estilo no. Se trataba de una serie de constructoras dispersas, ancladas aún en el difícil negocio de las contratas. Ahí se pergeñó su cercanía a distintos ámbitos de la Administración, una vez Construcciones se desprendió de la tutela de El Corte Inglés, aunque el cordón umbilical con los grandes almacenes no desparecería nunca, e incluso reverdeció con la salida de Cortina.

Las pequeñas y medianas empresas aportan al producto interior bruto español 62 de cada 100 pesetas. Sus promotores casi nunca aparecen en los medios de comunicación, a no ser que den el salto hacia la gran empresa. Las PYMES son muy socorridas en los programas electorales, pero en la práctica continúan siendo la asignatura pendiente del Gobierno socialista y de la gran banca española, remisos ambos a echar el resto en la promoción industrial. El aspirante a empresario sigue encontrando dificultades de información, y particularmente de apoyo financiero.

Pues bien, la vida interna en Construcciones y Contratas transcurre por esa vereda. Un buen día, Alberto Cortina y Alberto Alcocer empiezan a sufrir el síndrome Conde, exquisito eufemismo vulgarmente conocido por envidia voraz. Convirtiendo las cerezas desparramadas por distintos sectores se podía forjar un racimo compacto de gestión unificada; constituir, en suma, un gran grupo. Esto les proporcionará poder, pero también una ristra de disgustos. El fichaje de Romualdo García Ambrosio, proveniente del Vizcaya (qué mal le sentó a Toledo la capacidad de arrastre de Ambrosio, que tiró de los profesionales vascos para formar su equipo), fue el revulsivo necesario para dejar de preocuparse por los concursos de obras —que delegan en los veteranos de la casa— y entrar en el "gran mundo" de la clase dirigente. Ya entonces sus mujeres, Esther y Alicia Koplowitz, propietarias de los negocios que gestionan sus maridos, comenzaron a quejarse. No entendían esa renuncia a su vida tranquila de millonarios anónimos: "¿Para qué trabajar tanto?", se quejaba Alicia Koplowitz. Pero los dos primos estaban convencidos de esa idea que ronda la cabeza de los nuevos ricos: ¿Por qué hombres sin patrimonio se encaraman a la cima y quienes ponen el dinero permanecen en la trastienda?

De hecho, toda la reconversión bancaria española puede reducirse a una lucha entre propietarios y gestores. El resultado ha sido desigual, pero a pesar de ello el imperio de la tecnoestructura, o cómo mandar sin dinero, ha quedado tocado del ala. Ni tan siquiera pueden ponerse los antiguos ejemplos de los March y los Botín como modelos de empresarios y gestores a un tiempo. Los primeros han necesitado endeudarse por su incapacidad de renunciar a las grandes operaciones, y los Botín cada vez poseen menos porcentaje del capital de los bancos que dominan con mano de hierro. La tentación llega cuando un empresario se da cuenta de que no necesita el 51 %

para controlar una sociedad, y la chispa salta cuando surge un nuevo accionista capaz de superar la presencia del anterior. Abelló se burlaba de quienes mandaban sin arriesgar su pecunio; los Albertos de un Escámez cuyo patrimonio es mínimo y ponía pegas a nobles inversores que exponían su dinero, aunque fuera en calidad de testaferros de sus esposas.

Los Albertos comenzaron su sueño introduciéndose en el sector inmobiliario, que, en contra de lo que puede parecer, poco tiene que ver con el de la construcción. Su objeto es el mismo; su gestión y su finalidad totalmente distintas. La entonación especulativa del negocio inmobiliario le convierte en terreno de operaciones relámpago, esas que te llevan a la gloria o a la tumba, y posiblemente a los dos sitios.

El Asunto Talallero

Ningún acontecimiento fue tan representativo del cambio que iba a experimentar Construcciones como su entrada en el Banco Zaragozano, realizada en la época en que Ramón Areces aún tutelaba la casa. Esta entidad aragonesa, presidida por el transportista soriano Moisés Calvo, entrañable abuelete que había aflojado las riendas del banco permitiendo algunas alegrías internacionalistas —como la compra del Banco Internacional de Miami—, había mermado peligrosamente su cuenta de resultados. Los Albertos aprovecharán la ocasión que les brinda una estrafalaria operación de la familia Botín.

Al Zaragozano se acerca un desconocido ciudadano del mundo, de nombre Ignacio Talallero, que se muestra dispuesto a comprar acciones sin límite, y asegura que no pretende controlar nada. Cuando se descubrió el pastel, un alto ejecutivo del Zaragozano afirmaría: "Lo que me molesta no es que nos tomara el pelo, sino haber tenido que aguantar durante meses sus horribles chistes". Talallero parecía recién llegado de Texas: "Compre, compre. Si suben es igual, usted siga comprando". Se lo estaba pasando bomba. Para el Zaragozano de Moisés Calvo, aquello suponía realizar el sueño, un tanto pueril, de todo banquero: hacer subir una cotización que languidecía utilizando a un personaje, un Rey Midas, que no solicitaba cargos ejecutivos. Tuvo que ser el Banco de España quien diera la voz de alarma. Talallero no era un caprichoso, rico por su casa, lleno de emoción con su juguete bancario. Era, simplemente, un submarino de los Botín, que pretendían hacerse con el Zaragozano y ya prácticamente lo habían conseguido. Una de esas operaciones que han creado la leyenda Botín —padre, se entiende— y que los extraños comentan con entusiasmo mientras los afectados se muerden la lengua.

El Banco de España exigió a los Botín que se retiraran. Talallero volvió a Venezuela y desapareció del mapa financiero español. Para Mariano Rubio, lo de menos era que los Botín solucionaran el problema Zaragozano —algo que habría apoyado en condiciones normales—, sino que lo hubiesen hecho por propia iniciativa, sin consultar a la autoridad. Hasta ahí podríamos llegar. El entonces director general de inspección bancaria, Aristóbulo de Juan, precisamente él, se aplicó en la búsqueda de un grupo solvente y con liquidez que se hiciera cargo de aquellos títulos y del propio Zaragozano. En aquel momento no existían banqueros dispuestos a plantar cara al gobernador. Aristóbulo recala en Construcciones, y llama a Ramón Areces, que adquiere el compromiso moral de reflotar el banco aragonés.

Los Albertos no se conformarán con el paquete del 10 % de Talallero, y llegarán con el tiempo a superar el 30. Entonces no había más equipo bancario en Construcciones que el recién llegado García Ambrosio, además de la experiencia de solteros de los propios Albertos. La entrada es en tromba, y cuando Moisés Calvo solicita de los nuevos accionistas que le expliquen sus intenciones, éstos responden sin inmutarse que sólo pretenden defender su inversión, pero nada de controlar. Una frase que, contra toda evidencia, será repetida cuando entren en el Central, otro banco que sirve para mandar, pero no para soñar con una alta rentabilidad.

Los Albertos, de la mano de Ambrosio, van a mostrarse como quieren ser: colocan de consejero delegado a García Orcoyen y neutralizan, con poca elegancia, a Moisés Calvo y Rafael Bermejo. A los pocos meses se vio que García Orcoyen no daba el resultado apetecido. Se fichó a Álvarez Rendueles, predecesor de Rubio en el puesto de gobernador del Banco de España, cuando fracasa el sueño de Rubio de colocar a Rendueles como sucesor de Escámez. Cuando se trata de fichajes provenientes de la política —y esto vale para Rendueles, pero también para Abril Martorell o para Rafael Suñol—, Escámez desarrolla a fondo sus dotes y ejerce de murciano con innegable maestría. Si el fichado se atiene a sus palabras llegará a la convicción de que él y no otro es el sucesor. Al final, Alfonso Escámez siempre podrá afirmar: "¿Acaso me oyó usted decirle alguna vez que era mi delfín?". Y tendrá razón. Ya lo dijo Carlos III, que era ilustrado, en sus ordenanzas militares:

Gente de Murcia y Levante
y demás canalla vil de mis ejércitos
pónganse una coca en la bocamonga
para distinguirse de los hombres de honor.

Escámez no es un canalla, pero sí un murciano astuto que no confía ni en sus más directos colaboradores. A sus setenta y tres años, nadie puede presumir de haberle metido un gol.

García Ambrosio rescató también el Vizcaya a su amigo Álvaro Alepuz, y así nació un equipo que ha levantado en dos años el Zaragozano, hasta situarlo en los puestos de cabeza por rentabilidad. El cambio continuaba, faltaba el Central.

Don Ramón sólo hay uno

En los alrededores de Nava, Arriondas o Ribadesella, municipios asturianos, aún se pueden ver casonas solariegas con balconadas talladas a mano y árboles centenarios que sólo cuatro hombres unidos podrían abrazar. Son los restos nostálgicos de la fortuna indiana, cuya aspiración máxima era la vuelta triunfante a Asturias, tras un pasado de trabajo duro en ultramar. En las fiestas de las principales ciudades del Principado hay sitio para una celebración singular, el Día de América en Asturias, que recuerda la gesta de aquellos emigrantes que habían dejado la piel en las antiguas colonias y regresaban a la patria chica cargados de millones. Los hijos de aquellos aventureros también han emigrado, pero en la segunda mitad del siglo XX la meta es Madrid. Existe hoy en la capital de España una nutrida colonia de ejecutivos asturianos que aún mantienen relaciones muy fructíferas para todos.

Nadie sabe si el presidente de El Corte Inglés es el hombre más rico de España, aunque muchos lo sospechan. Su laconismo es aún más intenso que su riqueza. Empezó barriendo un almacén en La Habana y acabó en Madrid, creando desde la nada el mayor emporio económico, al menos si nos atenemos a su control, total, sobre la empresa que dirige. El Corte Inglés se ha desarrollado en orden a dos máximas, simples, pero aplicadas con rigor teutón: ofrecer calidad y no pedir jamás un crédito. Ambas cosas exigen no tener prisa en hacerse poderoso, lo que distingue a don Ramón de la nueva clase empresarial y de sus tutelados Albertos. Hoy, el Corte Inglés ha generado una serie de subproductos —seguros, agencias de viaje y proveedores propios— siempre alrededor de una clientela convencida de que "El Corte Inglés nunca falla". Su salud financiera resulta insultante para todo empresario orgulloso. Cualquier zona de España puede ver mejorado su paisaje económico si El Corte Inglés abre en las cercanías uno de sus macrocentros. Los bancos se cansan ofreciendo sus servicios a los hombres de Areces. En respuesta, éste decidió hacer de banquero sin abandonar el comercio. La tarjeta de crédito de El Corte Inglés se ha convertido en una amenaza para muchas entidades financieras. En ningún medio de comunicación se encontrará una crítica contra esta empresa, a pesar de ser una de las sociedades más opacas de España. No en vano se trata del mayor anunciante del país. (Y todo ello a pesar de que, en alusión a sus elevados precios, muchos se refieran a El Corte Inglés como "El Hachazo Británico").

Cuando el fundador de Construcciones y Contratas, Ernesto Koplowitz, fallece en un accidente ecuestre, deja dos hijas que aún no habían alcanzado la veintena y una mujer que jamás se había introducido en el negocio. Por ello, solicita la ayuda de don Ramón. Para la legión de cínicos de medio pelo que existen en la "city" madrileña, convencidos de que en el mundo de los negocios no existen las actitudes desinteresadas o altruistas, el caso resulta incomprensible. Areces desembarca en Construcciones acompañado de los tres mosqueteros de El Corte Inglés: Álvarez, Lasaga y Mingo, tres tipos tan extraños que trabajan hasta los sábados. Una y otra vez Areces se niega a aceptar las acciones de Construcciones que se le ofrecen: todo el patrimonio deberá quedar en manos de dos señoritas llamadas Esther y Alicia Koplowitz.

Construcciones va a crecer, en silencio —marca de la casa—, a la sombra de El Corte Inglés. Para aquellos que se molestan cuando se habla de la tutela ejercida por los grandes almacenes sobre la empresa, bastará decir que un año antes de la constitución de Cartera Central, unos sindicalistas disfrutaron de lo lindo al comprobar cómo los altos cargos de Construcciones llamaban por teléfono a la sede social de El Corte Inglés, antes de aceptar cualquiera de las peticiones del comité de empresa. En los últimos tiempos, el previsible sucesor de Areces, Isidoro Álvarez, hombre más remiso que su jefe a Alberto Cortina y Alberto Alcocer, cortó cualquier intento de los dos primos de introducirse en la gestión de los grandes almacenes. Isidoro es un asturiano que, cuando le presentan a alguien, lo primero que le pregunta es si procede de Asturias. Y de la respuesta dependen tantas cosas...

La operación de alianza de los Albertos con KIO irritó a don Ramón, que retiró a todos sus hombres. Pocas semanas después de hacerse pública la noticia, Isidoro Álvarez se personaría en la recepción de fin de año del Central, con cien ojos pendientes de su amigable charla con Escámez. Todo un síntoma. Pero había más. Aun antes de conocerse la noticia, el presidente del Central recibió una llamada de Areces, en la que le comunicó que El Corte Inglés y Construcciones habían roto sus relaciones. Aun hoy, Escámez confiesa que aquella confidencia le extrañó, pero la interpretó como el comentario de un amigo. Fue una falta de reflejos que no se perdonaría, pues uno de sus colaboradores ya le había advertido de las intenciones de los dos primos, y se negó a darle crédito. Como no se lo dio a quienes le aseguraban que Asesores Bursátiles estaban preparando la operación con una compra acelerada de títulos.

Para los Albertos el portazo de El Corte Inglés fue la liberación. Ahora eran ellos los que de verdad pilotaban la nave. En aquel momento estaban ya afectados por una terrible enfermedad que empezaba a diezmar las filas de los jóvenes ricos españoles: la Conditis. Conde había irrumpido en Banesto, ellos lo harían en el Central. ¡Esto es Hollywood! De la recogida de basuras a las altas finanzas pasando por la alianza kuwaití. Así comienza la historia, que culminaría un 23 de febrero, por iniciativa de su odiado Mario Conde.

En España se habían inventado las parejas. Y no se trataba precisamente de Ortega y Gasset. Parejas de dos, como la guardia civil, como Felipe y Guerra, como los hermanos March, como Conde y Abelló, más o menos repletos de complementariedad. Alcocer es ese señor serio en el que anida un alma de gamberro, poco dado a la exaltación de la debilidad. En su juventud había contactado con movimientos que hoy se considerarían extraparlamentarios, y no precisamente por sus ímpetus revolucionarios. Era de los universitarios que gustaba disparar con balas de perdigón a los lecheros. Cortina, mucho más ambicioso y amigo de las fiestas, que contempla a su interlocutor con un ojo mirando a París y otro a Gibraltar, hizo las cuentas. KIO les proporcionaba el cien por cien del 12 % del Central. Con la mitad de dinero se dominaba el primer banco del país, dominando el banco se controlaba un poderoso grupo industrial, con ese tesoro se convertían en los primeros constructores del país, los primeros banqueros, los primeros... Y encima el Gobierno feliz: la operación, en boca de García Ambrosio, suponía ''la nacionalización de un paquete estratégico''. ¡Toma ya! El sueño había comenzado.

CAPÍTULO VI

23-F, golpe de estado de Mario Conde, o la verdadera razón de la ruptura

Conde se vuelve modesto

Mario Conde es un hombre a un proyecto histórico pegado. En cierta ocasión, señalando los contornos de su mesa de despacho, hablaría del "enorme poder que se concentra alrededor de esta mesa". Era una de las pocas cosas en las que el presidente de Banesto coincidía con el Gobierno, por lo que el PSOE decidió que Conde necesitaba una mesa de tamaño más reducido. Su modo de hablar es similar al de la protagonista de Ana de las Tejas Verdes, y en sus momentos de máxima exaltación se aproxima al Licenciado Vidriera. Cuando se levanta en plena conversación, y empieza a dar vueltas alrededor de su interlocutor —obligando a éste a desgolletarse— uno siente que la historia, en forma de neblina, desciende hasta el suelo y lo va ocupando todo, llenando el ambiente de trascendencia, de ese tipo de transcendencia que practica nuestra clase dirigente, y cuyo horizonte último se sitúa en el año 92. En el fondo es un avance. Para muchos banqueros españoles la cuestión ideológica más profunda que se da sobre la faz de la tierra es la economía de libre mercado. Para Mario Conde, es la lucha de la sociedad frente al Estado.

El presidente de Banesto es el mejor actor de cuantos pueblan el mercado. No es Dustin Hoffman, sino más bien Lawrence Olivier, con el "sir" incorporado. En una de sus mejores interpretaciones, convenció a los consejeros de Banesto para abordar la operación más importante de la historia económica de España: fusionar los dos primeros bancos en uno solo. Nueve meses después rompió la fusión, porque, qué quieren, el proyecto histórico había dejado de serlo. La fusión le costó un mes de conversaciones;

la desfusión una semana. Quince días más tarde ya estaba tramando un nuevo proceso histórico: la Corporación Industrial Banesto. Antes, le había costado un mes encaramarse a la Presidencia de Banesto, y quince días organizar el recambio de consejeros y ejecutivos más importante que se haya dado en Castellana 7. Pero con la "desfusión", Mario Conde dio el primer paso atrás de su carrera. Terminada ésta, no duda en afirmar que no va a embarcarse en ninguna otra aventura, por lo que el sector anda revuelto en busca del posible socio. Para ser más exactos, cuando a Mario Conde se le interpela sobre si Banesto volverá a la carga, responde:

— ¡Qué curioso! Nadie me había preguntado eso. Pues la verdad es que no sé yo lo que hará Alfonso Escámez. Con lo bien que se entienden Alfonso y Luis. ¿Has pensado en el Popular? —concluye ejerciendo de gallego.

Conde entró en Banesto como Curro Romero en la Maestranza, y a punto estuvo de salir igual. Llevaba colgada la impronta de la industria, y aún no se había percatado de que es posible, aunque peligroso, hacer crecer una empresa en cuestión de meses, pero eso nunca sucede en banca. Como todo advenedizo al negocio soñaba con la revolución interna, y no dudaba en fichar a una vendedora de sostenes como encargada de "marketing". La frase favorita del viejo Botín es que para hacer un banco se necesitan tres cosas: tiempo, tiempo y tiempo. Al nuevo presidente de Banesto le costó meses acostumbrarse a la cadencia bancaria, convencerse de que su presencia era necesaria, al menos mientras aprendía el oficio, en las largas y tediosas comisiones de tesorería. El cambio ya se ha realizado, y ha pasado por el descubrimiento de que la figura clave de los grandes bancos no reside en Madrid, y responde al cargo de director regional.

Cuando comienza el mes de febrero del 89 la posibilidad de que la fusión no se lleve a cabo empieza a ser un clamor en los mentideros madrileños. Hay dos hechos que rondan la cabeza de Conde desde que, a finales de enero, los Albertos montaran el "show" en el Consejo de Banesto. Por un lado, el Ministerio de Economía no ha concedido las exenciones fiscales y retrasa intencionadamente la respuesta. Es lo que Solchaga denomina "una inteligente utilización del tiempo en política". De otro, las fotos de Marta Chávarri le han colocado en una situación desagradable. Medio sector opina que Conde fue el inductor de la "caza y captura" de la pareja. El joven banquero ha tenido que descender a la arena para desmentir su implicación. El asunto empieza a pasar de tenso a violento, a convertirse en una especie de picor nauseabundo que nada tiene que ver con el reto financiero. La náusea que le produce el asunto le lleva a buscar una salida a cualquier precio. El incidente Chávarri-Cortina no será, sin embargo, la razón última de la ruptura de la fusión. A fin de cuentas, y aunque por causas no muy ortodoxas, los Albertos se encontraban en ese momento noqueados, en recomposición interna, y sus primeros espadas —Boyer, Rendueles, Aristóbulo, etc.— semejaban en aquella jaula de grillos más un estorbo que una ayuda. KIO, encima, se iba. El Gobierno adoptaba una actitud pasiva, y su única arma parecía ser las mencionadas exenciones fiscales, que ya no podían retrasarse mucho más. Empecemos por la conclusión: Mario Conde decide la ruptura de la fusión Banesto-Central cuando se da cuenta de que si persiste en su empeño puede quedarse sin Banesto y sin Central, y ésta es la única razón definitiva para una persona de sus características.

Blázquez y Ambrosio: el gran pacto

Y es que hay un momento en el que el director general del Central, Luis Blázquez, y el representante de Construcciones, García Ambrosio, intentan hallar una salida a la situación. Hablan de modificar la composición de los órganos de poder, lo que implicaría una nueva remodelación en la cúspide del futuro BECC... y a espaldas de Mario Conde. Es el propio gobernador quien debe parar una nueva modificación de las bases de fusión (y van tres), y es a partir de entonces cuando Conde deja de confiar en Escámez y se convence de que debe romper con todo, aun a costa de renunciar a la gran operación de su vida.

En el nuevo planteamiento se jugaba con la sucesión de Escámez, pero ¡ojo!, ya en el banco fusionado y contra Conde. Resulta imposible predecir el final de la operación con un Escámez hecho un toro y dispuesto a aguantar en el puesto el tiempo que fuera necesario. En resumen, Conde ya no contaba con Escámez, se quedaba indefenso, en minoría en todos los órganos claves del BECC. Para Escámez la situación era perfecta: se constituía en árbitro de su sucesión, alentando las esperanzas de un Romualdo García Ambrosio que ya lo había intentado todo. Mientras tanto, a lo largo de cuatro años, sería la máxima autoridad de la entidad fusionada, por encima incluso de Mario Conde, con quien también compartiría la consejería delegada. Tanto en el Consejo como en el órgano dimanante de éste (llamárase Comisión Ejecutiva o Permanente) poseería la mayoría apoyado por los votos de los Albertos, convertidos en bisagras con derecho sucesorio apalabrado. Y el 92 quedaba lejano, tan lejano.

Más vale Banesto en mano que BECC volando, pensó Conde. Y, en uno de esos gestos rápidos que le caracterizan, puso manos a la obra. Soprendentemente, con un país ya un tanto harto de continuas peleas financieras cuyo objetivo último resultaba oscuro, nadie reparó suficientemente en este acuerdo. Nadie parecía preguntarse por qué Conde, que había resistido embates mucho más duros, con sus enemigos a los pies de los caballos gracias a Marta Chávarri, con KIO en plena huida y el Gobierno acogotado por los sindicatos, arrojaba la toalla.

Eso sí, en la mesa del Consejo de Ministros nace lo que podríamos llamar teoría de la patrimonialización. Esto es, el Gobierno estaba dispuesto a dejar que se entendieran las partes, sin otras intromisiones que las "monetarias", pero deja claro que su deseo es que el banco no se patrimonialice. Otra vez vuelve el esquema teórico de propiedad contra gestión. En definitiva, esto significa recordar al banquero que maneja fondos en su mayor parte ajenos. De ahí su enorme poder, algo que no ocurre en la industria. Los quebraderos de cabeza de un banquero se los proporcionan sus prestatarios, pero el poder es delegación de los depositantes. Este hecho tan simple es el que justifica a la autoridad en su labor de regulación y control de la banca. Estamos hablando de un sector muy especial. Ahora bien, cuanto más concentrado esté en pocas manos el patrimonio de un banco, mayor será la capacidad de maniobra de su presidente. Esto no es papel, sino realidad. Basta con ver el estilo con el que los Botín dirigen sus bancos, porque son más suyos que de los demás. Hasta aquí la exposición para los estudiosos de la empresa. Obviamente, el Gobierno también estaba buscando un equilibrio de poder entre las partes enfrentadas, ante el temor de que un Conde victorioso manejara sin cortapisa más del 6 % del producto interior bruto del país.

En el espacio de dos meses, marzo-abril del 89, se van a producir los siguientes hechos: Abelló abandona Banesto, tres meses después de la ruptura con Conde, Alberto Cortina deja Construcciones —que no el Grupo— y Alicia Koplowitz se convierte en vicepresidenta del mismo. KIO rompe su alianza con los Albertos. Los dos presidentes abandonan la fusión por iniciativa de Conde y, de común acuerdo con Escámez, Cartera Central abandona Banesto, y Mariano Rubio no abandona a ninguno.

Abelló se va

En los días previos a la salida de Abelló, éste mantuvo en público una conversación con Conde que dejó petrificados a los presentes. En un momento dado, Conde le advierte que si pretende vender su paquete del 3,2 % en Banesto podría dejarse en el camino 2.500 millones de pesetas.

—Sí —le interrumpe Abelló—, más o menos lo mismo que tú me robaste.

La historia del tándem es la de dos personas que, a pesar de ser como el sol y la luna, habían funcionado más como amigos que como socios. Que dos socios riñan es grave, pero que lo hagan dos amigos lo es mucho más. Conde y Abelló, tras 13 años de actuación conjunta, habían hecho cosas que sólo se hacen entre amigos, como prestarse cientos de millones sin un papel por medio. Cuando llegan los líos, con los ánimos exaltados, toda la alta sociedad madrileña se enteró de los pormenores de la desavenencia, y no había quien se resistiera a "contar la última". Las comidas en Jockey —que parece el destino gastronómico de Banesto y Central— de Juan Abelló con los Albertos o con Miguel Boyer eran foco de rumores para todos, y la gente de Construcciones sacaba tajada propagandística del asunto. Pero Abelló estaba dispuesto a deshacerse de su paquete, no a vender a Construcciones, lo que seguramente hubiera sido interpretado como una traición. Por aquel entonces, el pequeño accionista había sido izado en un pedestal, seguramente a fin de que pudiera caer desde el punto más elevado posible. Lo más lógico era dejar el paquete en manos de la Institución, el camino más seguro para no destrozar la cotización y, al mismo tiempo, hacer que Mariano Rubio se subiera por las paredes.

Abelló, que nunca aspiró a nota en la escuela de la diplomacia, dejaría en el recuerdo frases como ésta: "Y encima yo estoy quedando como un calzonazos", en alusión a los rumores que atribuían a las esposas de Conde y Abelló, Lourdes Arroyo y Ana Gamazo, un papel destacado y originario de la trifulca. Esta última gustaba referirse a "nuestro empleado Mario Conde". Desde luego, en beneficio de ambas, puede decirse que nunca hicieron alarde público de sus opiniones. Es igual, en el Madrid bancario de la era comunitaria no es necesario conceder entrevistas. Basta con convocar cenas de "amigos" en el propio domicilio para que en veinticuatro horas conozca el menú hasta el patito. Mientras, el consejero ejecutivo de Banesto, Juan Belloso, intenta salvar la situación. Belloso es un personaje especial. Ligado al PSOE, ha sabido combinar una exquisita lealtad hacia

Mario Conde, sin detrimento de su amistad con Abelló. (Otro de los arrebatos dramáticos de Mario Conde consiste en la transcripción verbal, y gestual, de una de sus conversaciones con Belloso: "¿Estás conmigo, Juan? A lo que Juan me respondió: "Contigo hasta la muerte, Mario". Lo que ocurrió fue más o menos la mitad de la mitad). De Belloso fue el reiterado consejo de que volvieran a actuar juntos, pero "esta vez como socios, no como amigos".

Que Abelló se iba estaba cantado desde hacía tiempo. Como presidente de la Unión y el Fénix apenas le dio tiempo de instalar un magnífico despacho repleto de encuadernaciones en rústica y motivos ornamentales clásicos. Enseguida se enfrentaría al problema de las primas únicas, siendo uno de los presidentes de aseguradoras que antes cedió ante las presiones de Hacienda. Esto es, como ciudadano su papel merece un aplauso, pero entra dentro de lo probable que los suscriptores y los accionistas de la Unión no pensaran lo mismo.

Al final, todo el equipo condeabelloniano se quedó con el presidente de Banesto, pero lo haría con pesar, salvo Fernando Garro, cuyas relaciones con Juan Abelló fueron siempre tormentosas. Enrique Lasarte hizo uno de los últimos intentos para convencer a Abelló de permanecer en Banesto, pero todo fue inútil. La intimidad se había roto cuando ambos empezaron a criticar a su pareja ante terceros. La intimidad es cosa de dos o no es.

Sorprende, no obstante, en Juan Abelló, el aprecio personal que por él sienten incluso personas con las que ha tenido fuertes enfrentamientos. Es el caso de un Carlos Solchaga o de los propios Alberto Cortina y Alberto Alcocer. Hoy, Abelló se dedica a nuevas aventuras, posiblemente se convertirá en un caso de museo, digno de admiración: el del hombre que tras haber paladeado el poder es capaz de renunciar a él. Increíble. Renunciar a la vicepresidencia de Banesto y a la Presidencia de la Unión y el Fénix es algo que no tiene precedentes hasta donde alcanza la memoria. Merecerá, ciertamente, un homenaje.

Y los Albertos también se van

Más que los Albertos quien se va de Banesto es Construcciones. A partir de ahora habrá que hilar fino en todo lo que se refiera a la terminología del Grupo. La entrada de Alicia Koplowitz significa un reinado en la sombra, al parecer un tanto efímero, de El Corte Inglés. Las dos hermanas no se fían de los hombres que dirigen Construcciones, y particularmente de Miguel Boyer. García Ambrosio tuvo que ganarse la confianza, el papel de Rendueles se oscurece aún más y los Carlos Bustelo, Aristóbulo de Juan, José Luis del Valle y el propio Alberto Cortina, éste además en calidad de vicepresidente, baten la marca de presencia efímera —y contestona— en el Consejo de un gran banco español. Llegaron a Banesto, armaron el jaleo y se fueron. En esos primeros compases del cambio en Construcciones Alicia Koplowitz decide seguir el estilo Areces: no habrá guerras, ni tampoco ambiciones bancarias. Seremos lo que siempre hemos sido, unos empresarios de la construcción que no gustan de los créditos, ni abren fuego por ambiciones más o menos justificadas. Una persona ligada a Alicia Koplowitz hablaría en estos términos: ''Se va a vender el paquete del Central, y si no se vende es porque el mercado no lo permite, pero entonces, en seis meses, el señor Alfonso Escámez tendrá los derechos políticos de esas acciones''. Y esa era la intención primera, en la que las tesis de Alcocer, y particularmente García Ambrosio, quedan relegadas de la estrategia. La irritante calma con la que Escámez interpreta estos hechos y la separación del matrimonio Cortina-Koplowitz van a provocar el vuelco. Y qué vuelco.

Al oír hablar de acuerdos el Banco de España se da por aludido y entra en escena en el último acto. La obra que quedaba corta. Veamos: si Abelló se va y deja un 3,2 % de autocartera, y los Albertos también se van, y aportan su aproximadamente 2 %, estamos en el 5 % —los expertos del Banco de España son capaces de eso y mucho más—. Pues bien, henos aquí a los guardianes de la ortodoxia bancaria. El país viviría a partir de entonces un proceso similar al experimentado con el ''boom'' bursátil, cuando los vendedores ambulantes se mostraban cariacontecidos cada vez que Wall Street se resfriaba. De repente, la autocartera se convirtió en foco de jugosas conversaciones sobre el porvenir de la economía nacional, la ética bancaria y el futuro de nuestros hijos. Era casi insultante desconocer el significado del término. Mariano Rubio, que no había abierto la boca cuando el Bilbao Vizcaya o el Exterior habían hecho lo propio, se rasgó las vestiduras y empezó el baile. Que no me aparquen acciones, que no me las vendan a los empleados, ni a los accionistas, ni a los clientes. Incluso llegó a echar mano del más temido ogro del país, las circulares del banco de bancos, obligando a restar del coeficiente de recursos propios este tipo de operaciones, parcial o totalmente, según los casos. En este país todavía hay poderosos que se ponen firmes y en posición de saludo cuando reciben una llamada del Banco de España. Conde se había colocado en una palpable situación de debilidad.

A fin de cuentas, el Gobierno había ganado y Conde había perdido. Nuestra cultura cinematográfica nos lleva siempre a pensar que el individuo va a vencer a la institución y la institución al Estado. Pero eso ocurre en el cine. No confundir nuestra pasión por el más débil con la realidad sigue siendo una prueba de salud mental.

CAPÍTULO VII

Demasiado poder para Toledo

De mis amigos líbreme Dios...

Tras el fracaso del maridaje Conde-Escámez, entre huelga y huelga, Carlos Solchaga ha tenido tiempo para reflexionar sobre el Banco Bilbao Vizcaya y sus siete billones —con "B" de Barcelona— de activos. Cuando una entidad bancaria con un solo centro de gestión empieza a situarse en los 150.000 millones de pesetas de beneficio al año, su gran problema es dónde colocar el dinero, dónde invertir. Es la tragedia de los poderosos: andan todo el día dándole vueltas al nada despreciable reto de mover un dinero que, parado, puede verse afectado por el ogro inflacionista o por la Hacienda Pública. Los ricos también lloran.

Con las dimensiones del BBV, y sin otro competidor de similar tamaño que le haga frente, el sistema se debilita. Nacen los llamados "negocios de la sopa boba". Toda institución de renombre, hasta la Cruz Roja, acude al BBV por el simple hecho de ser el más grande. Las operaciones internacionales no se le escapan. La dirección de créditos sindicados, tampoco. Para cualquier subsecretario es una tentacion lógica acudir al banco que posee todos los servicios en todas las zonas geográficas. Los macroproyectos industriales o tecnológicamente innovadores pueden hacerse con la sola presencia del banco vasco. Las connotaciones políticas de la banca o el nacimiento de la televisión privada pasan por el BBV. Repsol, esa sociedad desconocida hasta hace dos años que ahora se ha convertido en emblema de la industria española, opera con el BBV. Y ya que hablamos de Repsol, ¿qué más da que en la retorcida operación de "te cambio los cromos de Petronor por los de Repsol" haya sido la empresa pública la que se haya llevado el gato al agua? El BBV sabe que en los próximos años Repsol le va a proporcionar más negocio que ninguna otra empresa.

Y más. Cuando nació el banco vasco murió la patronal bancaria AEB, cada vez más descolorida en su papel. Como diría Pedro Toledo dos meses después de anunciarse la fusión vasca, "tras la OPA del Bilbao sobre el Banesto empezó a cundir la sensación de que el que no se espabilara se iba a quedar sin silla".

En esa tesitura, el Gobierno toca otra vez a rebato fusionista. Sabe que el Instituto de Crédito Oficial (ICO) —la segunda empresa financiera del país) con 4,8 millones de activos, pero con un cometido social que cumplir y con una muy reducida red de sucursales tardará años en constituirse en competidor de los vascos. Pedro Toledo podrá ser el banquero del Gobierno —y esta afirmación es una realidad como una casa—, pero el sistema de libre competencia precisa pugnas entre iguales.

El Popular se hace el remolón

Las desdichas y proyectos de la banca pública se cuentan en otro capítulo de esta misma obra. Por lo que respecta a la privada, el Gobierno siempre ha tenido poco margen de maniobra para forzar varias fusiones. Luis Valls ha practicado el más exquisito sofismo para no fusionarse con nadie. El Banco Popular es un experto en la política de puertas abiertas. La técnica responde al viejo acertijo: ¿Cómo ocultar un elefante en la Quinta Avenida de Nueva York? La respuesta es: llenando la Quinta Avenida de elefantes. Para ejercer esta técnica cuenta con un estratega como el proio Valls, capaz de convertir un sacacorchos en un microprocesador, y un expositor público de la talla de Manuel Martín, experto en crear debates públicos interesados sin perder un ápice de rigor. Las comparecenias de Martín ante la prensa son un acontecimiento nacional que ningún ciudadano debería perderse. Sin despeinarse, Martín retuerce las cosas en su favor con una elegancia sólo comparable a la del inolvidable Pío Cabanillas. En la primera etapa de las fusiones, con un Gobierno repitiendo la necesidad de las mismas, el Popular salía a la palestra afirmando: "Si el Gobierno quiere fusiones que lo diga. Hombre, nosotros no lo vemos claro. Ahora bien, si el Gobierno nos lo pide, para dóciles los populares".

—Pero si el Gobierno no dice otra cosa desde hace semanas —advertían los periodistas.

—Pero no lo dice lo suficientemente claro —sentenciaba Martín.

A ver Gobierno, que no se le oye bien. Repítame usted lo que quiere, que no acabo de cogerlo. Dígame usted, alto y claro, cuándo y con quién. Yo lo que usted diga, que, en cuanto lo haga, ya le echarán encima los feroces perros del intervencionismo socialista.

Y quien tal postura adoptaba era el mismo presidente que resumió así la OPA del Bilbao contra Banesto. Valls dixit: "A Sánchez Asiaín le ha ocurrido lo mismo que a un corredor que, metros antes de llegar a la meta, le cambian el objetivo. Y claro, se dio el lechón". Era una, tan elegante como feroz, crítica a un Gobierno que había modificado en el último momento el objetivo de Asiaín, que no era Banesto sino Hispano, y luego había abandonado a su suerte al presidente del Bilbao. Lo que sí es cierto es que el Gobierno González ha llevado hasta el fin la maquiavélica táctica del: cara, yo gano, cruz, tú pierdes.

Todo ello no impedía que Valls siguiera sindicando acciones, aliándose con tiburones familiares —tanto nacionales como extranjeros—, y negándoles a los March el pan y la sal. En España existen dos disciplinas científicas insondables: la Escamezología y la Vallseología. En aquellos momentos, el presidente del Popular afirmaría: "Yo dirijo el banco con la prensa en la mano. En cuanto leo que alguien ha vendido algo a otro, voy en su busca y le ofrezco ser accionista del Popular. Soy como los representantes catalanes de antaño, voy ofreciendo el género". Valls rechazó las ofertas del Banesto de Mario Conde, del Hispano de Claudio Boada y del propio Bilbao de Sánchez Asiaín. Lo hizo con un asomo de sonrisa, "pues a mí lo que más me duele es que la gente se enfade". Es como el Peugeot: genial. Si no fuera por su modestia, el Popular, a pesar de su espléndida cuenta de resultados, o quizá por ello, hubiese pasado grandes apuros. Pedro Toledo se enfrentó a los KIO y le costó varios miles de millones de pesetas y el árnica del Gobierno para quitárselos de encima. La reacción de Valls fue muy distinta. Cogió el teléfono y habló con Javier de la Rosa, proscrito por la "beautiful", y que parecía entonces el leproso indeseable de las finanzas hispanas, tan temido como odiado:

—Tranquilo, Luis —le tranquilizó De la Rosa, un personaje que se distingue por su desconfianza hacia el mundo pero también por una defensa acérrima de sus amigos—. Entre catalanes nos entendemos .

Tras esa conversación, KIO no sólo no atacaría el Popular, sino que llegaría a invertir en él su dinero —se calcula que la participación alcanzó el 4 % del capital— a modo de tiburón familiar que apuntaló a Valls frente a sus enemigos, los March. No es extraño que Carlos March se refiriera en aquellos momentos al hombre de KIO en España como ''Javierito'', recalcando cada sílaba con fruición asesina.

Cuando la tormenta arreciaba el Popular batiría su propia marca de negativa elegante con el lanzamiento —porque a ello fueron, quede claro— de la Operación Madrid. El Bilbao y el Vizcaya ya habían anunciado su fusión. El sector se ponía nervioso. Como afirmaría Solchaga, en esos momentos ''todos están hablando con todos. El proceso no ha hecho sino empezar''. Y tenía razón. Es entonces cuando Luis Valls utiliza la prensa para propagar la siguiente teoría: verán ustedes, lo que el Gobierno desea —y sus deseos son órdenes para mí— es que España cuente con bancos poderosos que representen algo en el mundo. Pero, claro —se lamentaban compungidamente los populares—, sumando dos bancos españoles sólo se consigue situarnos en el trigésimo puesto del ''ranking'' europeo. Nada, nada, lo que hay que hacer es fusionar tres, y por qué no cuatro. Además, como el nuevo poder del BBV es de raíz vasca, creemos el contrapeso madrileño. Conclusión, lo que hay que hacer es fusionar Banesto con Central, con Hispano Americano y con Popular. Fusiones a cuatro bandas. Oiga, y por nuestra parte, como siempre, ningún impedimento.

La prensa especializada conoce a Manuel Martín. Sabe de su capacidad retórica, pero ante el nuevo espectáculo la tentación de publicar la noticia fue demasiado fuerte. Y tan fuerte. El Popular sabía que el proyecto era inviable, y que serían otros los que picarían el anzuelo y se verían obligados a desaconsejarlo, pasando por antifusionistas. Porque el banco resultante hubiese sido un monstruo de más de sesenta mil empleados sólo en el grupo financiero. Allí hubiesen sobrado miriadas de directivos, de edificios, de sucursales... de todo. Conde andaba ya a vueltas con el Central, pero Boada tuvo que salir al paso, con su particular estilo (me parece muy bien lo que usted dice, pero...):

—Pienso que todas las opiniones son respetables. Yo, personalmente, nunca opino de aquello que me parece metafísicamente imposible. Mi opinión es que fusionar dos entidades en régimen de igualdad, sean del sector industrial o del financiero, es tan complejo, que fusionar tres es complejísimo, y fusionar cuatro, siempre en mı opinión, es metafísicamente imposible. Por tanto no voy a emplear ni un minuto en pensar si sería bueno o malo, porque pienso que no puede ser. (Entrevista publicada en El Nuevo Lunes el 8 de febrero del 88).

Y el Popular, con todos sus hombres desperdigados por la geografía española en busca de nuevos consejeros y accionistas que permitieran la sindicación, pudo decirle al Gobierno: ya lo ven, hemos hecho todo lo humanamente posible por cumplir su mandato y no hay manera. De verdad que lo sentimos, pero vamos a tener que sufrir nuestro destino en la más compleja soledad. Así es la vida.

Central-Hispano: a la "beautiful" se le ponen los dientes largos

El Gobierno seguía sin encontrar otra fusión que acelerara el proceso de —atención al "palabro"— redimensionamiento de la banca española. Sus ojos se volvieron entonces hacia el otro amigo, el amigo Boada se entiende, como motor de una nueva concentración.

También en la precipitada entrevista, Boada afirmaba que no había entrado en conversaciones con ninguna entidad. Cuando el presidente del Hispano dice eso de "le voy a contestar a usted muy claramente", todo el mundo se pone en guardia para tratar de desentrañar la palpable oscuridad de su respuesta. Pues bien, el Gobierno quería una fusión Central-Hispano, con dos objetivos: el primero, crear el superbanco madrileño, y el segundo, lapidar definitivamente a Alfonso Escámez, lo que se había convertido en una obsesión de Solchaga. El ministro ha dado por cadáver tantas veces al presidente del Central, que se le puede recitar aquello de "los muertos que vos matáis gozan de buena salud".

A Claudio Boada no le hizo ninguna gracia el encargo. Él es un "beautiful" como la copa de un pino, pero no es bobo. Boada ha tenido una trayectoria profesional con muchos altibajos, cuando no claros bajones. Cuando llega al Hispano —1984— acomete lo que se perfilaba como su último destino antes de la jubilación, y consigue el éxito más sonado de toda su carrera. Cuando se disponía a paladearlo, le piden que se meta en un fregado mayor: fusionarse con el Central. Pedro Toledo, posiblemente, podría haber pronunciado otra de sus afamadas maldades, como la referida a la ulterior unión de Banesto y Central: "Esa es una boda entre un sicótico y un sifilítico".

Pero si el Gobierno lo dice habrá que hacerlo. Tendría, desde luego, todo el apoyo del Ministerio de Economía y del Banco de España. Cuando se habla de apoyos oficiales conviene precisar. Solchaga es demasiado inteligente para ir presionando por las buenas. Le ocurre lo mismo que a Felipe González: todo aquel que le proponga un proyecto se va de su despacho convencido de que ha obtenido su apoyo, y pregona a los cuatro vientos un entusiasmo oficial probablemente inexistente. Cuando se trata de crear opinión, Solchaga sólo precisa comentar su tesis a sus colaboradores más locuaces (en ese momento el secretario de Estado de Economía era Guillermo de la Dehesa, al que los periodistas pusieron el mote de Polaroid "porque lo revela todo al instante") y a cuatro periodistas de confianza. Salvo casos de fuerza mayor, las presiones directas se reservan para don Mariano. Téngase en cuenta que si un banquero se rebela ante una presión directa tiene todos los recursos legales a su alcance para rechazar la intromisión y romper lazos definitivamente con la Administración, lo que debe ser evitado a toda costa. De ahí que los altos cargos del Gobierno en ocasiones no sean conscientes de su propia capacidad de maniobra. Es decir, que pueden ser sinceros cuando afirman que no intervienen en los procesos y de hecho estar haciéndolo.

En el presente caso, el Gobierno ofreció a Boada todo su apoyo. La estrategia se reducía a conseguir que fuera el equipo del Hispano —José María Amusátegui, Miguel Geijo, Antonio Zoido, Emilio Novela, etc.— quienes lideraran el nuevo banco. No obstante, Boada discrepaba con la intención subliminal de forzar una presidencia conjunta durante el período de transición seguida de la jubilación forzosa de Escámez (entonces 72 años) y del propio Boada (68) al mismo tiempo.

En cualquier caso, Boada quería disfrutar de su juguete solo, aunque fuera más pequeño. Así que aplicó los principios de la escuela vallsiana. Empezó a pedir el oro y el moro a un Central estupefacto: el cuarto banco del país exigía al segundo la rendición incondicional. Con Banesto —porque las conversaciones con el Central se compaginaron con otras con Banesto— el asunto tuvo el mismo cariz. En un local abandonado de seguros La Estrella, filial del Hispano, ubicado en la Gran Vía madrileña (la inclinación a la novela negra de nuestros banqueros es inconmensurable), se reunían Miguel Geijo —Hispano— y Juan Belloso —Banesto—. Al final, el segundo de Conde tuvo que preguntarle a Geijo si los directivos de Banesto podían aspirar a permanecer en sus cargos.

Con el Central el asunto fue más divertido. El Hispano exigía un canje a la par, cuando valía en el mercado un tercio menos que el Central. Exigía colocar a todos sus hombres, ante el cabreo sordo de Luis Blázquez. Lo exigía todo. Como a pesar de ello, Escámez —cada vez más acosado por los Albertos— se tomaba las cosas con calma, Boada decidió dinamitar la fusión por las bravas. Un buen día solicita hablar con Escámez. Cuando llega al despacho de Alcalá 49, lo hace acompañado de sus consejeros Rafael del Pino (el "capo" de los "beautiful", propietario de Ferrovial) y de José Manuel Arburúa. Se establece entonces uno de los diálogos más jocosos del pasado reciente en la banca española:

—Mira Alfonso —afirma Boada—; he pensado que como ya han hablado los técnicos y los presidentes, ahora deben hablar los propietarios.

Escámez piensa eso que estaba previsto que pensara. El amigo Claudio pretenderá ahora que Alberto Cortina y Alberto Alcocer se sienten a la mesa negociadora. Aquello era demasiado.

—Fíjate, Claudio —le dice Escámez en perfecta calma—. Yo pensé que tú eras ya lo suficientemente mayorcito para decidir por ti mismo.

A lo que, en el mismo tono, Boada responde:

—¿Lo ves, Alfonso; ves como son dos culturas empresariales diferentes?

Fuese y no hubo nada.

Boada había conseguido reventar la fusión: ¡Eh!, Gobierno, que no hay nada que hacer con estos chicos del Central.

En el mundo bancario, el neologismo conceptual de la "cultura empresarial" da para mucho. El que quiere fusionarse afirma tener la misma cultura que su novia, y el que no, defiende lo contrario con idéntica vehemencia. Si alguien no hubiese importado el término habría que haberlo inventado en estos predios. No hay cosa más útil que la cultura. El único problema es que nadie sabe aún qué es la redicha cultura empresarial. Pero se trata, sin duda, de un enigma a descifrar con el tiempo.

Botín hijo vuela alto

El Gobierno había fracasado con el Hispano. Había que buscar otra fórmula. La tentación de utilizar al Exterior chocaba con la propia figura de Boyer en la Presidencia. El Exterior, ante todo, lo que necesitaba era sanearse. También quedaban, claro está, los Botín.

Emilio Botín Ríos, el hijo del Patriarca, es un banquero de pura raza para el que el entorno político del negocio representa una lamentable pérdida de tiempo. Lo suyo no son las relaciones públicas. Arrastra un aire provinciano, muy diferente del porte aristocrático de su predecesor. Uno de sus subordinados afirmaba: "Lo peligroso de este hombre es que le pasas un informe ¡y se lo lee!". Botín Ríos, actual presidente del Banco de Santander, no comprende que sus colaboradores se enfaden cuando les despierta a las tres de la madrugada, aprovechando que se encuentra en Nueva York y aún no se ha acostado. ¿Pues qué? ¿Existe acaso algo más importante que el negocio?

En su primera rueda de prensa como presidente del Santander a Botín se le hizo la pregunta obligada: ¿Qué piensa usted de la política económica del Gobierno? A lo que Botín, ni corto ni perezoso, respondió muy convencido:

—Esa no es una pregunta para un banquero. Usted pregúnteme sobre el Santander.

Sus charlas con empresarios son igualmente sorprendentes. El actual presidente del banco cántabro simplemente pregunta cosas como ésta:

—Y su empresa, ¿qué beneficio tuvo el último año? —eso para romper el hielo.

Botín hijo arrastra consigo una leyenda negra, fruto de haberse educado en un entorno profesional dominado por su padre. Es una de esas injusticias a las que tan proclives somos en este país. Lo cierto es que en sus tres años de mandato el Santander ha recorrido seis. Él es un banquero químicamente puro, con una visión mercantilista que llena toda su existencia. Su estilo no posee la versatilidad de Valls ni la frescura —en todas las acepciones del término— de Boada. Por eso, su reacción fue más tajante: aprovechó la Junta General de Accionistas del 88 para advertir públicamente que lo suyo era la andadura en solitario. Y se lanzó a las alianzas internacionales.

El viejo Botín —más conocido por el "Faraón" o "Don Emilione"— fue ante todo un vividor un poco golfo. Todos los papanatas del país le reían sus historias, entusiasmados ante aquel banquero que se situaba por encima de la "mediocridad" al uso. Para Botín López un criado es un empleado y un empleado es un criado. O sea, que era el listo. Hay que insistir: los tópicos calan antes en los informados que en los alejados del mundo bancario. De ahí surgió la tendencia a afirmar que después de Botín padre llegaría el retoño que hundiría la institución. Ocurrió exactamente lo contrario.

Los Botín se diferencian del resto de los grandes banqueros españoles por el hecho, ya mencionado, de que no sólo gestionan su banco, sino que son más propietarios que los demás. ¿Para qué querían fusionarse y quedarse en minoría? Cuando Pedro Toledo, entonces aún presidente del Vizcaya, tomó la decisión de vender el riesgo geográfico del banco vasco en países morosos, Botín hijo le interpeló:

—¿Y por qué vendes al descuento, perdiendo dinero?

Pedro Toledo le explicó sus tesis de que aquellos créditos iban a ser incobrables. Botín no parecía muy convencido:

—Pues yo no pienso hacerlo.

A lo que Toledo respondió:

—Claro, yo en tus zapatos tampoco lo haría.

El vasco quería decir que él era un gestor, no un propietario pendiente de su inversión. Al final, los Botín también venderían.

Nadie quería, en suma, secundar los planes del Gobierno. Es entonces cuando Mario Conde llega a un acuerdo con Escámez y acaba por destrozar todo el entramado del PSOE. Sólo cabía esperar y ver. Hasta un año después, mayo del 89, Solchaga haría mutis por el foro. En esa fecha, ratificado en su cargo tras la imposibilidad de alcanzar la paz social con los sindicatos, revederdecería sus laureles. ''Navarra siempre p'alante''. Y a fusionarse tocan, chicos. En ello estamos.

CAPÍTULO VIII

¿Y de las cajas qué?

La revolución silenciosa

Mientras media España apostaba por Conde, otra media por los Albertos y todos por Escámez, las cajas de ahorros vivían uno de los períodos más interesantes de los últimos tiempos. Nadie, sin embargo, parecía preocupado por un sector que representa cerca del 40 % de todo el sistema financiero español, que poco a poco va ganando cuota de mercado a la banca, y que, al igual que ésta, se había visto envuelto en la marea de las fusiones. Las concentraciones de cajas podrían resultar para el hombre de la calle más importantes que las bancarias. La cronología financiera española se queda corta en tantas ocasiones por omitir a las cajas de ahorros.

Durante la Junta General de Accionistas del Banco de Vizcaya correspondiente al ejercicio 1988 —por tanto, celebrada en febrero del 89— Pedro Toledo Ugarte repetiría en público lo que tantas veces había dicho en privado: ¿Que quiénes son mi competencia? Mi competencia son las cajas de ahorros. Para un banco con más de 4.000 oficinas repartidas por el territorio nacional, el enemigo era el conjunto de pequeñas entidades que triplican ese número, sin duplicidades significativas y sin zonas geográficas de sombra. Para un BBV cuya tarjeta de visita consiste en 7 billones de activo, la gran preocupación eran 77 cajas que alcanzaban los 14. Cifras que dejaban aún más atrás las de Banesto, Central o Hispano.

Poco antes, Mario Conde había dicho lo mismo de otra manera. Cuando la reina Isabel II de Inglaterra visita España tiene lugar una recepción en el yate Britannia, anclado en el puerto de Barcelona. No faltaba ninguno de los primeros espadas de la vida financiera española, por ese respeto a la realeza que anida en nuestras instituciones de crédito. Allí estaba el presidente de Banesto, impúdicamente solícito con el gobernador Mariano Rubio (hasta el punto de que, en la salutación a las autoridades previa a su discurso, se olvidó de citar a Rubio, y se vio obligado a pedir disculpas momentos después). Mario Conde diría entonces algo que pasó inadvertido: "Me preocupa más el decreto sobre libre expansión de cajas (31-XII-88) que el mercado único europeo de 1992". Allí, en el cónclave financiero anglo-hispano, un presidente de banco se atrevía a minusvalorar la presunta aspiración de 300 millones de europeos, comparando el histórico proyecto comunitario con una miserable normativa legal de segundo orden.

El 31 de diciembre del 88, cumpliendo su promesa en el ultimísimo minuto, Carlos Solchaga decretaba la libre expansión de las cajas de ahorros. Hasta ese momento, las cajas habían visto reducida por ley su presencia a su ámbito territorial de origen, que generalmente coincidía con el de una comunidad autónoma o una provincia. Los grandes monstruos del sector —pongamos la Caixa de Pensions o la Caja de Ahorros de Madrid— no podían abrir sucursales a conveniencia en La Coruña. Las cajas pequeñas se sentían protegidas con la limitación, las grandes veían cómo les estallaban las costuras e inventaban mil fórmulas para burlar el espíritu de la ley. "En 1992 —tronaba José Vilarasau, director general de la Caixa de Pensions—, cualquier caja europea podrá instalarse en cualquier sitio de España, pero La Caixa no puede hacerlo". Solchaga había prometido en junio del 88 que la barrera se levantaría antes de fin de año. Y lo cumplió.

Pero, con expansión o sin ella, las cajas forman parte del paisaje urbano y rural español. En este país resulta difícil andar más de cien metros sin encontrarse una oficina del sector ahorro. Si nos alejamos del centro de las ciudades hacia la periferia, o acudimos a las poblaciones de menos de 10.000 habitantes, difícilmente encontraremos sucursales de los grandes bancos, pero sí una o varias cajas y, quizás, un Banesto o un Central. Con razón Mario Conde teme la expansión de las cajas: la red Banesto puede quedar cercada.

Las cajas pueden tener entre sí todas las discrepancias que se quiera, pero su similar estructura jurídica les fuerza a actuar conjuntamente en muchos aspectos. En mayo del 89 se hacía público —poco público— el acuerdo entre la Confederación Española de Cajas de Ahorros (CECA) y el Banco de Crédito Agrícola, del grupo ICO, por el que las sucursales de las cajas tramitarían créditos del banco público. El alcance de la medida se prevé inmenso. Las cooperativas de crédito agrario se echaron a temblar. Se consumaba así el tradicional objetivo de las cajas de copar el crédito agrícola, y muchos recordaron entonces las palabras del ex-presidente de la CECA, Sancho Dronda: "Somos más de campo que las amapolas", expresión cuya forma llevaba implícito su contenido. Es sólo un ejemplo. Cuando se dispone de puntos de venta en toda la geografía se pueden hacer maravillas.

Lo que ocurre con las cajas es que sus líderes son demasiados como para que se centre en ellos la atención de los medios de comunicación. Esta es otra de las notas características del país. Sin líder reconocido, ni en política ni en economía se cuecen habas. El español parece necesitar un rostro para valorar una organización.

¡Que vienen los "rojos"!

Cuando el PSOE era "rojo" —¡qué tiempos aquellos!— llegó al poder con un programa electoral que tenía como principal móvil financiero la reforma de las cajas de ahorros. Las cajas son hijas de organismos públicos —sobre todo diputaciones provinciales— preocupados por menesterosos, y nietas de los montes de piedad, en su mayor parte obra de la Iglesia Católica. No tienen acciones, ni son sociedades con ánimo de lucro. Nadie puede lanzarles una OPA, lo que reduce el interés de la prensa por ellas y resultan algo tremendamente anodino para las nuevas generaciones de financieros. Pero cumplen un papel fundamental para el pequeño ahorrador, con comisiones más bajas que la banca. Si hubiese que analizar el porqué de la buena imagen de estas instituciones entre la mayoría de la población —son consideradas entidades casi altruistas, opuestas a la "rapiña usurera" de los bancos—, habría que reparar en una cuestión estructural y otra coyuntural. Por un lado, las cajas no tienen beneficios, sino lo que podríamos llamar dividendo social, o más rigurosamente, obra benéfico-social. Con ella, y desde hace siglos, han puesto en marcha y mantenido hospitales, centros educativos y actividades de asistencia social de los que se han beneficiado las capas sociales más bajas. Por otro lado, y en el caso español, la presencia de las cajas en el crédito hipotecario —una de las características clave de la España económica es la imparable tendencia del hispano a poseer casa en propiedad— ha creado una relación indisoluble entre cajas y clientes.

La verdad es que las diferencias operativas entre los sectores bancario y ahorro van desapareciendo con el tiempo, y hasta existe el caso inglés, en el que las cajas se han convertido en sociedades anónimas, asimilándose de forma plena a la actividad de los bancos. La Thatcher es así.

Pues bien, la gran reforma financiera que el Partido Socialista llevaba en su mochila en el otoño del 82 era la de las cajas de ahorros. Fundadas con un capital mínimo inicial, habían deambulado por más de dos siglos de historia sin responder a la pregunta: ¿De quién somos? Los británicos respondieron: de quien las compre, y para ello sacaron las cajas al mercado. Los italianos impulsaron la originalidad, y se quedaron a medio camino. Crearon las llamadas "cuotas participativas", un símil de acciones que proporcionan al comprador derechos económicos —un dividendo—, pero no políticos —no pueden intervenir en los órganos de control de la entidad—. Las cajas italianas que se han acogido a este sistema no se han convertido en sociedades anónimas (S.A. o sociedades sin alma, según el dicho popular), pero muchos se preguntan si esta vía intermedia puede mantenerse definitivamente. En otras palabras, ¿cuántos años puede resistir un inversor la tentación de exigir algún tipo de representación política para su dinero, además de su dividendo? Y existe otro problema añadido. Si una entidad se fuerza a entrar en el juego del dividendo, se ve obligada a competir con los bancos también en este terreno —de otra forma sus cuotas participativas no encontrarán suscriptores— y eso irá en detrimento de la obra benéfico-social, esa partida del balance marginal en términos cuantitativos, pero que da sentido a la actividad de las cajas.

La alternativa del PSOE fue la siguiente: Si las cajas no son de nadie que sean de la sociedad. De "sociedad" a "estado" hay una traslación semántica de corto recorrido. De "estado" a "gobierno" aún menos. Tres años tardó el PSOE en situar en el BOE la Ley de Órganos Rectores de Cajas de Ahorros (LORCA), que cedía a las administraciones territoriales, particularmente a ayuntamientos y comunidades autónomas, el poder en las cajas. Hombre sí, también tenían un peso específico los impositores — o sea, los clientes de las propias cajas—, pero el lazo de unión que establece una cartilla de ahorros no representa la fórmula de cohesión social más sólida. En plata, los impositores son un colectivo fácil de controlar para quien dispusiera de un buen aparato de militantes dispuestos a unirse para la ocasión. Y lo que ocurrió fue que, como España es una sociedad invertebrada, el aparato del PSOE y el de los sindicatos UGT y CCOO se llevaron el gato al agua, al menos allá donde no existían comunidades autónomas de derechas (entre nosotros: Jordi Pujol se hizo un experto en cajas).

En definitiva, las cajas se politizaban —proceso no necesariamente negativo—, y la clase política o sindical sustituía en el seno de las mismas a la casta de los cajeros, que las habían regido desde un siglo atrás, sucediéndose por cooptación. La reforma fue llevada a cabo por el aparato del PSOE, sin que el Gobierno se mezclara excesivamente en ello. Era el juguete del militante medio y de los sindicalistas, los proletarios de la empresa socialista. El Gobierno se mantenía ajeno, y tan sólo asomaba la nariz cuando se trataba de entidades relevantes o en apoyo de sus alcaldes y sus comunidades. Al final, la geografía española se dividió entre cajas de derechas, cajas de izquierdas, cajas medio-pensionistas y cajas cuyo consejo de administración simplemente se negaba a efectuar la renovación, que es tanto como decir a cumplir la ley. Las entidades se vieron sacudidas por polémicas de todo signo, aunque los directivos se lo tomaban con más calma que sus consejeros. Como diría el director general adjunto de la Caja de Ahorros de Madrid, Ángel Montero: "Nosotros tenemos 200 años de historia. En 200 años han caído muchos regímenes, pero la caja ha seguido adelante", lo que no fue óbice para que el cuadro directivo de su entidad, por si un aquél, se autoasignara sueldos e indemnizaciones por despido multimillonarias. Desde luego, no fueron los únicos, ni los que menos se lo merecían. Estamos hablando del equipo que transformó a una anodina entidad madrileña en una de las entidades financieras más fuertes y rentables de todo el sistema.

El muy alto tribunal

Y entonces llegaron los juristas. Los recursos e impugnaciones se convirtieron en moneda corriente en todas las plazas. Varias comunidades autónomas recurrieron la Ley de Órganos Rectores ante el máximo órgano jurídico del país: el Tribunal Constitucional. Sobre esta institución existen dos teorías: los más indulgentes piensan que su lentitud se debe a un escrupuloso sentido del deber, que les lleva a analizar con detenimiento los contenciosos. Pero existe otra corriente de opinión más dura, convencida de que la manía de la más alta institución jurídica de la nación en dictaminar cuándo los procesos ya están avanzados o concluidos es una sutil forma de sadismo. La sentencia de la LORCA, promulgada en el 85, llegó en el 88... y echó abajo la ley cuando la mitad de las cajas ya habían atravesado vitriólicos procesos de reforma según los mandatos de la misma. Menos mal que en España nadie hace mucho caso de las sentencias del Tribunal Constitucional, que si no...

Al ministro de economía se le cayeron los palos del sombrajo. Después de haber mantenido una pugna abierta contra los tradicionales del sector, los partidos políticos con representación municipal o autonómica, los compañeros más ácidos del propio PSOE, y siga usted contando, ahora resultaba que había que modificar la ley. Si no pasó nada más fue porque casi todos los implicados se habían retirado de la lucha por puro agotamiento. Lo peor de todo fue que el fallo sentaba cátedra sobre un espinoso asunto: ¿qué organismo público debía controlar el sistema financiero? Si hemos de resumir las conclusiones del Tribunal —una tarea que no se debe encomendar ni al peor enemigo—, en este punto se concedía a las comunidades autónomas toda una serie de privilegios controladores e inspectores que siempre se habían considerado potestad del Banco de España, el único organismo, por otra parte, capacitado para vigilar la salud del sistema financiero. El pobre Mariano Rubio se vio obligado a hacer malabarismos verbales para intentar reconducir la situación de hecho, que de derecho lo tenía crudo. Distintas autonomías se apresuraron a hacer llegar al Banco de España que, sobre determinadas entidades, particularmente cajas, tenían algo que decir, y que mucho ojito cuando el cuerpo de inspectores entrara en su territorio. Particularmente, el Gobierno catalán —las once cajas de ahorros de aquella comunidad representan el 25 % de todo el sector— dejó muy claro el asunto, mientras se sacaba una espina histórica. El nacionalismo catalán, o sea, todos los catalanes, llevan muy mal su escaso peso financiero en el conjunto del Estado. Los catalanes no disponen de grandes bancos, por eso tienen en tanta estima a sus cajas.

¿Qué ha pasado al final? Pues más bien poca cosa. La gran operación histórica del PSOE en materia financiera se ha saldado con un fracaso. El Gobierno sólo conseguiría victorias parciales, y acabaría por comprender que las cajas no constituían el paraíso soñado. Allá donde el partido logró éxitos, como en Madrid, sus victorias fueron pírricas, con conflictos internos y resentimientos que hoy aún perduran. La idea actual del Gobierno consiste en tomarse las cosas con más calma y dejar que el Banco de España apriete las clavijas allá donde puede: en la potenciación de las cuentas de resultados. Las cajas no se han constituido, al menos no más que antes de la reforma, en el deseado instrumento financiero de comunidades autónomas y ayuntamientos. Y el caso es que este era el punto más noble y profundo del espíritu de la Ley de Órganos Rectores. Pero los políticos dieron en el proceso de renovación de las cajas el mismo, o peor, espectáculo que los banqueros en la reconversión de su sector. Aun dentro de un mismo partido los enfrentamientos llegaron a adquirir un sesgo navajero. Como muestra un botón: el secretario de Estado de Hacienda, José Borrell, se quejaba amargamente del espectáculo que los nuevos líderes de la banca estaban dando con sus rencillas. No se acordaba el prócer que él fue quien situó a Jaime Terceiro en la Presidencia de Cajamadrid, provocando en el PSOE una de las crisis internas más fuertes que se recuerdan. Cada parcela del partido defendió a sus candidatos con la misma ferocidad que los Albertos, Mario Conde o Alfonso Escámez ponían en la defensa de sus intereses. ¿Con qué fuerza moral podía exigir la clase política a los banqueros que pensaban antes en el interés de sus clientes y accionistas que en el suyo propio, cuando ellos no eran capaces de ponerse de acuerdo con sus propios correligionarios? En honor a la verdad, y dado el ejemplo expuesto, hay que decir que, una vez nombrado, Terceiro supo valorar la espléndida gestión realizada por el equipo directivo precedente, a quien ha mantenido en sus cargos.

El control de las cajas, en definitiva, pasó a ser objetivo secundario del Gobierno. La estrategia se volvió entonces hacia las fusiones, otro de los grandes fracasos del PSOE en el sector. Cada comunidad autónoma debería lidiar el toro como pudiera. Desde luego, las cajas no iban a quitarle el sueño a Felipe González. Cuando la batalla por Cajamadrid estaba en su apogeo, el presidente de la comunidad madrileña acudió al Palacio de la Moncloa. En un momento dado, Leguina saca a colación el asunto:

—Yo de eso no me entero. Las cajas son cosa de Alfonso. Habla con él —responde el presidente, aludiendo al curioso reparto de responsabilidades que practica con el vicepresidente desde el 82.

—Pues las cajas son un asunto muy importante —presiona Leguina.

A lo que el presidente del Gobierno, exhalando un suspiro indolente respondió:

—Si tú supieras la cantidad de cosas importantes de las que no me entero.

El saber no ocupa lugar

Antes se han reseñado los modelos de identidad propagados por británicos e italianos. La tercera vía para las cajas, aquí y en Pekín, es seguir como hasta ahora, sin accionistas y bregando con la constante acusación de ser entidades propiedad de unos gestores que nada arriesgan si no es su prestigio. La marea modernista que ha invadido España exige, no se sabe por qué, la presencia de accionistas en todo tipo de empresa. Las cooperativas se contemplan como un residuo para anarcoides nostálgicos de cualquier signo. Las cajas, que no son ni lo uno ni lo otro, huelen a filantropía y provincianismo. En un país que ha santificado el afán de lucro tal estado de cosas resulta inadmisible.

Obsérvese, por otro lado, que cuando una caja de ahorros adquiere determinado volumen de negocio se "bancariza", aceptando muchos criterios de la modernidad. El discurso de los responsables de las grandes cajas de ahorros se parece mucho al de los grandes banqueros. Los desconocidos hermanos menores de la cofradía, sin embargo, prefieren seguir siendo lo que siempre han sido. La conversión en sociedades anónimas les parece una traición a su historia y a su identidad, y también al servicio público que prestan. El signo de los tiempos parece reducir, lenta pero inexorablemente, su capacidad de maniobra.

Y ahí nos encontramos con el gran problema del sector ahorro en todo el mundo, que por ser de naturaleza técnica no tiene el gancho ni la morbosidad de las peleas bancarias. Buena prueba de ello es que el español medio ha alcanzado una cultura económica mucho más elevada que la de sus padres, pero circunscrita al ámbito de los títulos valores canjeables en el mercado —y las pugnas que su propiedad conlleva tantas veces—. Sabemos lo que es una OPA, un tiburón, un "chicharro" o una emisión de bonos convertibles, pero apenas conocemos nada, ni nos interesa, de un concepto como el de coeficiente de recursos propios. Pues resulta que, prescindiendo de este concepto, no es posible comprender el sistema financiero actual.

La sanidad de una institución financiera de cualquier signo se mide por sus recursos propios, esto es, por aquel dinero del que la entidad puede disponer libremente, pues no es propiedad de un depositante que puede reclamarlo en cualquier momento. Seguramente podría ser de otra forma, pero el consenso internacional en este punto es aplastante. El famoso Informe

Cook, que marca los criterios a seguir en este asunto por todos los bancos comunitarios a partir de 1992, establece qué partidas deben entenderse como fondos propios y según qué condiciones. Con variaciones según países, el criterio general en Europa viene a ser que si un banco concede 100 pesetas de crédito debe disponer de entre 6 y 8 en propiedad. Por tanto, si usted quiere incrementar su negocio —léase obtener más beneficios— debe disponer de ese remanente que le asegure contra impagos y demás catástrofes. En España se conoce el mecanismo por los nombres de coeficiente de recursos propios o coeficiente de garantía. Este sencillo juego de proporciones es el condicionante número uno de la actividad bancaria en Occidente y, como todas las nuevas teorías financieras, parte del axioma de que una empresa puede quebrar, pero un banco no, pues representa el sistema de pagos del país. En la práctica los bancos también quiebran, como saben todos los españoles mayores de cinco años, e incluso tienen la desafortunada tendencia a hacerlo en grupo, pero en teoría un banco no quiebra nunca. Los recursos propios se componen, principalmente, del capital, o dinero aportado por los accionistas, y de las reservas, dinero retirado de los beneficios que no se reparten entre los susodichos, y cuya cuantía es el eterno motivo de discordia entre administradores y propietarios.

Ahora bien, las cajas no tienen accionistas y su capital fundacional, probablemente aportado por un cura hace un siglo, es simbólico. Si quieren crecer, y lo vienen haciendo de forma más veloz que los bancos en los últimos diez años, se ven obligados a retirar la mayor parte de los beneficios para destinarlos a reservas y cubrir el coeficiente. Ellos no pueden acudir a las ampliaciones de capital pues no tienen propietarios. De ahí la solución de las cuotas participativas y de ahí los subterfugios —deuda subordinada, etc.— que han venido desarrollándose en los últimos años. Al final, de una u otra manera, quien paga el pato es la obra benéfico-social, que disminuye sin remedio en todos los países. En el nuestro, el Banco de España —y este es otro rasgo de la modernidad reinante— no se cansa de recomendar, en voz baja, a las cajas que reduzcan su aportación social.

La conclusión de todo esto es obvia: la tendencia actual consiste en promocionar la transformación de las cajas en sociedades anónimas. A ello contribuyen los nuevos modos financieros a los que antes se ha hecho alusión, y el empeño de las figuras más sobresalientes de las cajas españolas, deseosas de no quedarse atrás en su carrera expansionista frente a la banca.

Al PSOE le sale el tiro por la culata

Si lo que importa es ser grande, pensó el PSOE, esto afecta también a las cajas. Fracasada la operación de control se empezó a pensar en promover las fusiones, con carácter intracomunitario: cójase a las equis cajas que funcionan en una comunidad autónoma y redúzcanse a una sola, que ya sabe lo buenas que son las sinergias. Si la comunidad es nuestra el asunto se vuelve más sencillo. Se habrá conseguido concentrando lo que no se obtuvo politizando. Pues bien, dos años después nos encontramos con que ha habido tres veces más proyectos que realidades —fusiones asentadas prácticamente ninguna—, y que aquellos procesos que parecen ir por buen camino ¡corresponden a comunidades donde no manda el PSOE!

Castilla-León, de forma parcial, y las cajas vascas —parecido, dado que se va hacia fusiones intraprovinciales, no intracomunitarias— parecen las abanderadas. En Andalucía, el feudo político socialista más asentado, se pretendió unificarlas todas. Luego se vio que era imposible, y se intentó una fusión oriental y otra occidental. Las cajas del Este eran capitaneadas por Braulio Medel —líder de Caja de Ronda y vicepresidente de la Confederación Española de Cajas de Ahorros—, hombre en el que el PSOE depositó toda su confianza para actuar como caballo de arrastre de otras fusiones. Nacía así Cajasol. De entrada, la Caja de Granada se descuelga. De salida, Medel sigue enfrentándose a las fuerzas vivas de Ronda, apoyadas por toda la población. Hay que considerar que Ronda tiene dos cosas: la plaza de toros y su caja de ahorros. La lógica imponía que la sede central de Cajasol estuviera en Málaga, y eso no agrada a los rondeños. De la fusión occidental nunca más se supo. La guinda de la tarta la ponen las tres pequeñas cajas extremeñas. Aquello parecía pan comido. Plasencia y Cáceres llegan a un acuerdo... pero Badajoz se niega en redondo. En materia de cajas, si el PSOE pone un circo le crecen los enanos.

Lo cierto es que tras los primeros reveses serios, año 87, el partido ha intentado actuar con exquisito cuidado en aquellas cajas que ha conseguido controlar. Pero el cambio llegaba demasiado tarde: la desconfianza del sector no ha desaparecido. Con las fusiones empantanadas, el PSOE vuelve sus ojos hacia la Confederación Española de Cajas de Ahorros. Desde allí se podían hacer muchas cosas. O al menos, eso parecía.

Don Raimundo no tiene quien le quiera

Los hay que nacen con estrella y los hay que nacen estrellados. En el segundo grupo se incluye Raimundo Ortega, que gracias a su perseverante batalla con la sonrisa se vio abocado a trabajar en el Banco de España. Se trata de uno de esos personajes que disfruta con dos cosas en la vida: el fútbol y los agregados monetarios. La razón última de esta extraña especie de masoquismo contemporáneo, consistente en contar la cantidad de dinero que se mueve en España a fin de augurar el futuro económico, aún no ha sido suficientemente analizada. Con la mejor de las intenciones, uno puede contemplar la figura del agente de bolsa, la del cambista y la del gestor de patrimonios. A fin de cuentas, sus análisis son instrumentos necesarios para ejercer su profesión, además de factor clave en sus ganancias por comisión. Pero quienes trabajan en el Servicio de Operaciones del Banco de España —quienes, en suma, dirigen la política monetaria del país— son profesionales no especialmente bien pagados, cuya capacidad de influir en la vida económica es grande y su poder más bien pequeño. Por todo ello reciben un salario inferior al de cualquier alto directivo de la banca privada. Tres son los personajes clave del monetarismo español en los últimos años: Raimundo Ortega, Pedro Martínez Méndez y José Pérez.

El primero es el más especial entre este grupo de especiales. Hasta el mes de mayo del 89 ocupó el cargo de director general del Banco de España, y antes había sido director general del Tesoro y Política Financiera en el Ministerio de Economía. Ya se ha aludido a sus difíciles relaciones con el gobernador, Mariano Rubio. Fuerzas del mismo signo se repelen. Por ello, hasta su fichaje por el Bilbao-Vizcaya, Raimundo Ortega era el candidato a todo. Lo fue a la Comisión Nacional del Mercado de Valores y perdió. Soñaba con el cargo de subgobernador, y se lo llevó Luis Ángel Rojo. Intentó la Dirección General de la Confederación Española de Cajas de Ahorros, que ostentaba Miguel Allué, y también perdió.

¿Era el candidato del PSOE? No, en el sentido de que no es el técnico que más simpatías despierta en el Ministerio de Economía. Sí, en cuanto el Gobierno pretendía impedir que el equipo directivo de la Confederación, y en particular el propio Allué, nombrara a su sucesor. Además, nadie puede discutir la capacidad profesional de Ortega. Pero las cajas querían ser ellas quienes nombraran sucesor.

Durante los meses que precedieron a la jubilación forzosa de Allué

—abril del 89— se organizó la jocosa campaña de búsqueda de candidato, deporte de honda raigambre financiera, bajo el lema "siente un tapado a su mesa". Los requisitos para opositar eran juventud e independencia. (Repárese en el concepto. Independencia, para las cajas, era estar desvinculado del PSOE; para el PSOE, consistía en ser ajeno a los tradicionales de las cajas). Desde Carlos Egea —Caja de Murcia—, a Pascual Jover —Caja de Álava—, pasando por el aragonés Amado Franco, se buscó en todos los rincones. Cuando Jover parecía ser el futuro primer ejecutivo de la Confederación resultó que no. Una lectura de la ley —la que realizó el propio Gobierno— advertía que quienes hubiesen estado en los órganos rectores de la CECA no podían ser ejecutivos de la misma. Jover vio así frustrada su posibilidad. Lo malo era que esa lectura jurídica, con un poco más de pasión, llevaba a la conclusión de que no sólo quienes hubiesen formado parte del Consejo de Administración o de la Comisión de Control incurrían en incompatibilidad, sino también todos los miembros de la Asamblea General —equivalente a las juntas generales de accionistas de los bancos—. O sea, cualquiera que hubiese destacado en el sector desde hacía 25 años.

Una vez más, la solución fue la menos esperada. Un miembro del propio equipo ejecutivo de la CECA, Germán Pérez Ollauri, el segundo de Allué, se convertía en su sucesor con sesenta años de edad. El Gobierno había vuelto a perder, pero la vieja guardia sólo dispondría de cinco años. A los sesenta y cinco, jubilación. En el fondo, con lo que se estaba jugando era con el papel futuro de la CECA. Para las grandes cajas, lo mejor sería que esta entidad de depósitos —que presta servicios financieros a aquellas cajas que no disponen de medios y personal para hacerlo por sí mismas— se convirtiera en una AEB, la patronal bancaria cuyo papel se reduce a las relaciones con los sindicatos y con la Administración. Las cajas pequeñas, por contra, prefieren una CECA cuanto más fuerte mejor. Este es un mercado en el que puedes ser pequeño mientras definas bien tu estrategia y, atención, prestes todos aquellos servicios que proporcionan los grandes. Cuando las nuevas generaciones entran en una sucursal bancaria exigen que los empleados que se sitúan al otro lado del mostrador tengan respuesta para todo. Si no, cruzan la calle. La competencia espera. La fidelidad al banco murió con nuestros abuelos.

Al mismo tiempo, la sociedad española, hipnotizada con las hazañas —o bestialidades, según se mire— de los nuevos ricos, puede convertirse en la enterradora de los dos tipos de entidades financieras que no se mueven exclusivamente por afán de lucro: las cajas de ahorros y las cooperativas de crédito. Ni las unas ni las otras tienen el futuro totalmente despejado. Y, en el caso de las cajas, las razones no son financieras. Su rentabilidad puede compararse perfectamente con la de la banca, y aun salir ganando en muchas ocasiones. Y la verdad es que han dado menos sustos que sus competidores. Al menos, al ciudadano no le han costado un duro.

CAPÍTULO IX

¿Qué has hecho Romualdo?

De cómo tomar el pelo a uno de los grupos económicos más poderosos de España

Desde que la revista Diez Minutos convirtiera a Marta Chávarri y Alberto Cortina en el objeto favorito de cotilleo patrio, el grupo Construcciones y Contratas queda fuera de combate. Las reacciones al "aquí no pasa nada", a lo Bernarda Alba, de sus cabezas visibles, apenas sirven para provocar sonrisas forzadas entre los iniciados. Por de pronto, KIO anunciaría a los pocos días su deseo de abandonar Cartera Central, alegando que disponía de una oferta sobre su paquete. Y así era: AGEPASA —sociedad gestora de patrimonios con catalogación bancaria— estaba dispuesta a comprar. AGEPASA es propiedad de José Luis Várez, amigo de Escámez. Várez tiene un fuerte patrimonio personal, pero no tan fuerte como para hacer frente a la operación. Su trabajo es la gestión de patrimonios, y sí estaba capacitado para "levantar" 40.000 millones de pesetas. En el fondo, quien estaría comprando sería el propio Banco Central. La operación hubiese resultado curiosa. Construcciones retendría la mayoría, pero la entrada de AGEPASA hubiera supuesto un cambio de papeles: en lugar de ser los Albertos quienes incordiarían desde dentro en el Banco Central sería Escámez quien se colaba en Cartera Central.

La marcha de KIO se gesta en ese momento, pero lo sorprendente es el precio. El grupo kuwaití pide por el 48,8 % de Cartera Central 42.000 millones de pesetas. Esto es, por menos de la mitad —que no le proporcionaba ningún tipo de control— de una sociedad cuyo valor en bolsa apenas superaba los 60.000 millones de pesetas, Javier de la Rosa pide 42.000. Todavía hoy, cuando el financiero catalán pronuncia esa cifra, pone cara de niño travieso: "Y lo aceptaron". Si no fuera porque dos meses después se firmaba el contrato, De la Rosa seguiría a estas alturas sin creérselo. Porque el caso es que lo aceptaron. Jaffer, el vicepresidente de KIO, añadía un nuevo calificativo para los financieros españoles. Además de locos, le empezaban a parecer un poco ingenuos. O quizás es que nadie en el grupo Construcciones repasaba la cotización del Central.

El caso es que lo aceptaron, con la mayoría del capital y los estatutos a su favor. Los Albertos estaban pendientes tan sólo de su vida privada. A Miguel Boyer, presidente de Cartera Central, KIO le pide que se aleje de la operación "para que negocien directamente los propietarios". Alicia Koplowitz, recién aterrizada y asustada ante el escándalo público que ha destrozado su vida, no está capacitada para llevar adelante la negociación. En tal situación, Romualdo García Ambrosio tiene uno de esos gestos a los que es tan proclive: "Esto lo arreglo yo en una tarde —se dijo el extremeño, candidato en aquel momento a la búsqueda de trabajo en otros lares y necesitado por tanto de un éxito inmediato—. ¿Cuánto piden? ¿Cuarenta y dos mil millones? Pues no se hable más". Y pueden asegurar que por parte de KIO no se habló más.

De la Rosa tiene una vena de mercachifle que no le abandonará nunca. Su cerebro es una especie de calculadora que codifica datos con la celeridad de un paquete de la IBM. Son datos que recibe telefónicamente y que, convenientemente triturados, salen en forma de oferta, asimismo por teléfono, para ser ejecutados por cualquier componente de su reducido grupo de colaboradores. El financiero catalán se ha convertido en un personaje que no necesita bajar a la arena. Con un teléfono en la mano realiza negocios multimillonarios, y uno siente que en cualquier momento se le va a desarrollar un apéndice auditivo en forma de auricular. Con todo, no puede resistirse a emprender cualquier negociación con pujas bajas o con peticiones altísimas, que luego reduce paulatinamente hasta la cifra que, ya desde el principio, ha considerado válida para comprar o vender.

Pues bien, Javier de la Rosa solicita 42.000 millones de pesetas como aproximación... ¡y va García Ambrosio y dice que sí! El catalán llegó a pensar que algo se le escapaba. Nadie vende duros a cuatro pesetas, y los ricos menos que nadie. Por eso son ricos. En esas condiciones, transigió con todas las fórmulas de pago que se le reclamaban, y claro, como estamos entre amigos, exigió los correspondientes avales. Los bancos avalistas, mira por dónde, fueron el Hispano, el Bilbao Vizcaya y el Exterior. Por cierto, que este último sería rechazado por De la Rosa, que no perdona a Francisco Luzón la historia de los 15.000 millones prestados a Cros. KIO va a cumplir su sueño de alejarse de un escándalo que ya era como humo en los ojos. Un Boyer desfondado asistía impertérrito a los hechos. Desde aquel momento no ha vuelto a levantar cabeza en el Grupo.

Romualdo consideraba que cerrando el trato con KIO iba a retomar la iniciativa. Afirmar que Romualdo García Ambrosio es un hombre de Alberto Alcocer, y no de Alberto Cortina, es una verdad a medias y una concesión a la galería. Romualdo es, sobre todo, un hombre de García Ambrosio, que llegaba a ocultar información a los propios Albertos alegando "que vosotros lo contáis todo por ahí" —en lo que, dicho sea de paso, no iba muy desencaminado—. Hasta entonces Cortina había servido de freno a la posición excesivamente prepotente de Romualdo, pero no fue así después de su autoexilio de los centros de influencia (durante las primeras semanas post-escándalo, Alicia Koplowitz no dejaría de repetir a sus próximos: "¿Pero por qué se empeña la prensa en que yo he echado a mi marido de Construcciones? Se ha ido él"). Boyer aparecía constantemente en las páginas de los periódicos —cuando no era el embarazo de su mujer era la bofetada pegada...—. En suma, Romualdo sólo tenía que conseguir para sus planes el apoyo de una persona: Alicia Koplowitz, que quizás haya cometido el mayor error de su vida al no crear un equipo de ejecutivos realmente suyo.

¿Por qué se va KIO?

KIO se va por tres razones, a cual más significativa del estilo de actuación que estaba acrisolando la banca española. Todo empieza con la resolución del Consejo de Cartera Central, en el que se acuerda una ampliación de capital de más de 21.000 millones de pesetas. La mitad se destinaría a pagar los créditos facilitados por los bancos Bilbao y Santander, empleados por los Albertos en la creación de Cartera Central, y la otra mitad en seguir adquiriendo banestos y centrales hasta lograr el diez por ciento del futuro Banco Español Central de Crédito (BECC). Es entonces, claro, cuando interviene el gobernador del Banco de España y el señor Miguel Durán, número uno de la Organización Nacional de Ciegos de España.

El gobernador, que como es público y poco notorio no interviene en esto de las luchas bancarias, advierte a los Albertos y al propio Jaffer que le parece excelente el destino amortizador de la ampliación, pero que si pretenden seguir comprando acciones de los dos bancos KIO debería reducir su participación. El sistema es sencillo: bastaría con no acudir a la ampliación para rebajar su porcentaje. Se les envía el mensaje de que pasar de un 48,8 a un 40 no estaría mal para empezar; KIO acepta a regañadientes. Lo que les subleva es la segunda parte del trato: con unos Albertos una vez más carentes de liquidez, en la operación podría entrar la ONCE sindicando la participación. Es aquí donde KIO se planta. Aquello empezaba a resultar demasiado complicado y peligroso. Una cosa es que no mandes, y otra muy distinta que te mutiles en tu capacidad futura de negociación si surge la necesidad de irse, que es, no lo olvidemos, una perspectiva de futuro que los kuwaitíes nunca han abandonado. Al final, la sindicación les situaba en clara desventaja.

En este punto conviene hacer una pausa para definir el tipo de relaciones existentes entre KIO y el Ministerio de Economía o el Banco de España. Se trata de unos contactos en los que nunca ha participado Javier de la Rosa. Carlos Solchaga y Mariano Rubio se dirigen directamente a Jaffer. Paradójicamente, Javier de la Rosa, el hombre sin el que no se puede explicar la reconversión bancaria en España, afirma no haber mantenido desde hace años una conversación con Mariano Rubio.

En segundo lugar, KIO monta en cólera cuando no es advertido de que los Albertos le han vendido su 2 % de Banesto a Mario Conde. No conviene olvidar que entonces el proceso de fuga ya estaba en marcha, pero llovía sobre mojado. Curiosamente, poco después Mario Conde intentaría colocarle a Javier de la Rosa, invocando el taumatúrgico nombre de Banesto, "un paquete de autocartera superior al 2 %". El factor humano empieza a hacer mella, y son muy duras las acusaciones de KIO a los dos Albertos, en el sentido de que "no se nos da información". Es el momento en el que, públicamente, De la Rosa comentará que desconoce el sueldo de Boyer.

La última razón de Jaffer para ordenar la retirada fue una tal Marta Chávarri. Si algo asusta a los kuwaitíes es el escándalo. Eso nunca. Y aquello ya no era una pelea con Escondrillas, labor de la elitista prensa especializada. Sin comerlo ni beberlo, y tras seis meses de paternales consejos a Alberto Cortina, KIO estaba copando todas las portadas de la prensa del corazón, en una especie de serial americano de baja estofa.

Cuando la fusión se rompe, KIO adopta la postura de retirarse definitivamente de la banca española y centrarse en los proyectos industriales, allí donde el Gobierno sí les quiere. El entramado Torras, la fusión de ERCROS y el grupo alimentario creado alrededor de la azucarera EBRO centrarán desde entonces su atención. KIO llega a afirmar que se irá del Popular y del Bilbao Vizcaya. La opinión de Javier de la Rosa ha cambiado desde marzo a mayo: "He aconsejado a KIO que no hay que marcharse del Popular porque es una buena inversión, y que por el momento se queden en el Bilbao Vizcaya, porque no hay mercado para dar salida a estos títulos". Pedro Toledo, desde luego, no es el personaje favorito del financiero catalán. Pero se trata, en cualquier caso, de dos inversiones que el Gobierno tiene perfectamente controladas y que quedarán apalancadas en espera de ocasión. Y no conviene olvidar tampoco que el principal negocio de los kuwaitíes en España sigue siendo el inmobiliario. La sociedad PRIMA amenaza con convertirse en el gran poder inmobiliario de Barcelona y Madrid.

A ver si nos aclaramos. Las grandes fortunas españolas, las que no salen en los papeles, son, en su mayor parte, fortunas creadas por la especulación inmobiliaria. Por supuesto, urbana. Algo que llama la atención en un país con una densidad de población baja. Como diría el ministro de Obras Públicas y Urbanismo, Sáenz Cosculluela: "Si uno recorre en avión, de noche, el centro de Europa, se encontrará con un paisaje continuamente iluminado. Si lo hace en España, sólo verá una constante oscuridad". En definitiva, un país desierto con grandes aglomeraciones urbanas, donde el precio del suelo se dispara cada mes.

Puede ser que no exista relación casual —pero sí coincidencia temporal— en el hecho de que Javier de la Rosa, sin perder el control de las inversiones KIO en España, esté dedicando cada vez más tiempo a sus propios negocios. Hasta ahora el hombre de KIO en España acompañaba a sus asesores en sus inversiones, casi todas de grueso calibre, una táctica nada infrecuente entre consultores y gestores de patrimonios. Por eso, siempre se olvidan pequeños detalles tales como que Javier de la Rosa es hoy el segundo accionista del grupo Torras, detrás de KIO. Pero en el presente momento, De la Rosa está planeando su aventura en solitario.

¿Qué es KIO?

La Kuwait Investment Office es una agencia de inversiones dependiente del Gobierno kuwaití. Su presidente pertenece a la familia Al Sabah. El régimen kuwaití es algo realmente curioso. Dos ramas de esa familia se reparten la jefatura del Estado y la del Gobierno de forma rigurosamente alternativa. Cuando el actual emir, perteneciente a los Al Sabah, fallezca, le sucederá el actual primer ministro, de la familia Al Sabah, subsector "b", y a su vez un miembro de la primera rama pasará a ocupar el puesto de delfín. En el Parlamento, las dos familias guardan una holgada mayoría. La ventaja del sistema es que siempre hay alternativa.

Kuwait, un trozo de desierto ultramoderno preñado de petróleo, es el más financiero de todos los estados árabes moderados, incluida Arabia Saudí. El Gobierno kuwaití fue el primero en caer en la cuenta del carácter perecedero de su riqueza. Por eso, dirigió sus excedentes hacia el mundo occidental, donde la propiedad es un factor de identificación más fuerte que la ideología, con todos los aspectos positivos y negativos que ello comporta. Una generación de kuwaitíes, que rondan los cuarenta años, a veces incluso menos, se convirtieron en inversores profesionales. Adoptaron modos de vida norteamericanos, japoneses o europeos —Jaffer está casado con una inglesa— y aceptaron las leyes del mercado. Estos financieros llevan por vocación rentabilizar el fruto dinerario del petróleo para las futuras generaciones de kuwaitíes huérfanos de energía exportable.

Ahora bien, ese loable intento inicial se ha visto contagiado del "riquismo" occidental. Desde el final de la II Guerra Mundial y el nacimiento de los dos grandes bloques, Occidente se vio invadido por una nueva clase de poderosos de la economía en los que su querencia financiera era superior a la industrial. La sofisticación de la banca coadyuvó a este nuevo estilo de contemplar el universo del dinero, donde la economía real pasaba a considerarse de segunda división. Los flujos financieros, que son por naturaleza vasallos de la producción, se convirtieron en el factor clave de los cambios sociales. De hecho, quizá con la excepción japonesa, dado su particular estilo de banca y de relaciones laborales, los grandes conglomerados industriales de Occidente funcionan como bancos, y poseen departamentos especializados que nada tienen que ver con el producto que ponen a la venta. Por eso se ha dicho que la Siemens es un banco que, además, fabrica ordenadores. Y este esquema se repite una y otra vez en los grupos empresariales de envergadura. En resumen, las finanzas habían desplazado a la producción en los intereses de las grandes empresas. Ese esquema iba a ser imitado por aquellos países del Tercer Mundo que se incorporaban al trepidante proceso económico de los países desarrollados.

El presidente González diría en cierta ocasión: "Lo que no comprendo de KIO es por qué especula. Con los fondos que mueven —la cuarta dimensión para los parámetros occidentales— les debería bastar con recoger unas ganancias del 3 o el 4 %". En cierto sentido, González tenía razón, pero no es ese el fondo del problema. El Gobierno kuwaití ha desarrollado una maquinaria financiera dedicada a invertir, o controlar, grandes empresas de Occidente. Lo han hecho apoyados en ligerísimas estructuras, con una cabeza nacional y equipos de inversores extranjeros. KIO, es sintomático, tiene su base en Londres, y su poder ha llegado a ser tal que —es sólo un ejemplo— las presiones del Gobierno español ante el kuwaití acerca de Javier de la Rosa no han tenido efecto, por la sencilla razón de que en Kuwait el presidente de KIO es un personaje mucho más importante que el ministro de economía, y Javier de la Rosa contaba con la confianza y la amistad de Jaffer. Cuando en España nadie daba un duro por De la Rosa, y se hablaba de que Carlos Solchaga había hecho llegar a sus colegas kuwaitíes el malestar de la Administración española, el financiero catalán se ponía al habla con Jaffer, que se encontraba en Londres:

—¿Quién, ese pesado? —se reiría Jaffer, en alusión a un miembro del Gobierno de Kuwait que había tramitado la queja española—; pero si nadie le hace caso.

El problema de los países receptores de esas inversiones, como es España, no es si KIO tiene o no tiene afán especulativo. Su visión es muy nacionalista —invertir fuera para promocionar Kuwait—, y cuando se trata de esas cantidades, hay que emplear criterios hegelianos: las diferencias de grado pueden convertirse en diferencias de naturaleza y lo cuantitativo en cualitativo. Una inversión a largo plazo de los kuwaitíes puede representar una especulación a corto plazo para el entramado industrial español, dada la conmoción que por su propio peso provocan estos movimientos. El efecto es el de un transatlántico en un estanque.

Ahora bien, el problema de estos países nuevos ricos es haberse contagiado de la mencionada primacía de las finanzas sobre la producción. Es más fácil rentabilizar dinero invirtiendo en casa ajena que utilizar el exceso de liquidez para crear una infraestructura productiva propia y una población formada para mantenerla. En lo primero hay que emplear meses, en lo segundo años. Las inversiones KIO lo son en estado financiero puro. No se subordinan a la transferencia de tecnología o de expertos que a su vez puedan educar a las nuevas generaciones de kuwaitíes. Al menos, aún no se ha dado ese paso. En la década de los setenta, el capital saudí depositado en los bancos norteamericanos se vio envuelto en la crisis del petróleo. Las presiones políticas que de ello se derivaron sobre los países del Golfo debían haber producido el cambio, pero no fue así. Las finanzas otorgan más poder que la industria, pero también son políticamente más vulnerables.

La polémica suscitada en España por KIO desde su misma entrada en el país no es sino la maqueta de todas sus actuaciones pretéritas en cualquier Estado europeo. Países más influyentes políticamente que Kuwait, se ven sacudidos por unos hombres que operan en horas y de cuyo éxito depende el porvenir de sectores claves de su industria. Política y economía entran en liza. Los kuwaitíes, por otro lado, no plantean grandes estructuras. Prefieren operar con un sólo representante en el que depositan toda su confianza. Las relaciones políticas son una desagradable tarea añadida que soportan con resignación. Todo ello les convierte en incontrolables. Y a ningún Gobierno le gusta lo incontrolable.

Roma no paga traidores

Con la marcha de KIO, Construcciones y Contratas se encuentra donde empezó: a solas con el Central. Eso sí, con un Gobierno que ya no puede ayudarles como antes, inmerso como está en su lucha con los sindicatos. El Gobierno, para ser más exactos, empieza a preocuparse por su propia supervivencia. No es un temor paralizante, pues la derecha sigue debatiéndose en sus innumerables contradicciones. Pero sí se tiene la sensación de que los cimientos ya no son tan firmes como años atrás. En cualquier caso, lo que menos preocupa son los bancos, lo que más un estudiante de primero de economía llamado Antonio Gutiérrez y un proletario con vitola de honradez llamado Nicolás Redondo, hermano de antiguas fatigas. Hasta el vicepresidente Guerra parecía haber perdido medio metro de lengua en las desiertas calles del Madrid del 14-D.

Pero había más. El Gobierno había utilizado a los Albertos como caballo de Troya, y los Albertos habían utilizado al Gobierno para descabalgar, ora a Escámez, ora a Conde. Finiquitada la fusión, y por tanto el peligro de que el artero Conde se subiera a la parra, Roma no estaba dispuesta a pagar traidores. Los Albertos se habían convertido en un grupo polémico, tachado de frívolo y pendenciero, calificativo este último que García Ambrosio niega sin asomo de timidez.

En ese punto, día 8 de marzo, poco más de un mes después de las fotos de Viena, Alicia Koplowitz se convierte en vicepresidenta de la sociedad Construcciones y Contratas. Los Albertos, fieles a su trayectoria de mínima transparencia interna, habían ocultado hasta entonces el secreto mejor guardado —de hecho, nunca lo han revelado, más bien lo han reconocido—: el 98 % de Construcciones y Contratas era propiedad de Esther y Alicia Koplowitz. Hasta entonces se había hablado de separación de bienes en ambos matrimonios, pero ni los más osados sospechaban que la propiedad estuviera tan concentrada en las dos hermanas. Queda en la Presidencia Alberto Alcocer, que también pasaría uno de los peores tragos de su vida con el incidente, y de consejero encargado de empresas participadas Romualdo García Ambrosio. El esfuerzo de este último por mantenerse a flote fue titánico, pero al fin lo consiguió. Alicia Koplowitz aparecía, junto con su hermana, como la mujer más rica de España, que pasa de los vuelos a Londres para visitar grandes almacenes, la afición a la pintura y su reducida vida social a un despacho en Torre Picasso, el rascacielos más alto e "inteligente" del país (el orgullo de la casa, visible desde casi cualquier lugar de Madrid). Aparecía, al mismo tiempo, como la primera autoridad de uno de los grupos empresariales más poderosos de España.

Ante Alicia Koplowitz se abren hoy dos caminos: o convertirse en una gestora, aprendiendo desde abajo lo que nunca le interesó en exceso —proceso largo y en su caso plagado de dificultades— o repetir el esquema del único precedente que existe en España: el de la Condesa de Fenosa. La presidenta del Banco Pastor se ha rodeado de expertos que llevan la administración de las empresas que le dejó su marido. Ella, sin embargo, tiene una vocación más concreta: la de hacer de testaferro de una herencia que considera patrimonio familiar, con sabor de legado histórico a salvaguardar.

Sin embargo, desde el primer día, Alicia Koplowitz, en la que su hermana ha delegado todos los poderes, se vio obligada a atajar lo urgente antes que lo importante, con el agravante de una decisión de corte personal que se resistía a tomar, y que condicionaba el resto. De hecho, tras la remodelación del Consejo de Construcciones lo que se ha vendido desde la empresa es unidad. Lo primero era la situación de su matrimonio. Koplowitz tenía, por tanto, dos cuestiones que exigían respuesta inmediata: la clarificación de un organigrama accionarial retorcido como una viruta —es decir, responder a la pregunta siguiente: ¿de quién es cada empresa del Grupo?—, y decidir si el Central era amigo o enemigo.

Una neófita en el puesto clave de una de las mayores empresas del país es el resultado de la ambición y la frivolidad llevadas hasta sus últimas consecuencias. Cuando se produce una situación de esta naturaleza la empresa afectada corre el riesgo de debilitarse por parálisis. Además, el nuevo mandatario queda a merced, por muy propietario que sea, de los gestores, que se conocen la empresa, y cuya ausencia repentina puede significar el caos. Por esa razón, resulta imposible, si no es de forma lenta y cuidadosa, despojar a la tecnoestructura de su poder. Y esa tecnoestructura estaba en gran parte ligada a Alberto Alcocer y Alberto Cortina. Por otro lado, los ejecutivos sí pueden actuar con rapidez. Tras la crisis Chávarri hubo una serie de movimientos alrededor de la sociedad Castellana 89 tendentes a situar a los Albertos en la mejor posición.

Dos hombres se vieron en ese momento entre la espada y la pared. Eran Alberto Alcocer y Javier de la Rosa. Este último ha optado por no escoger lealtades y alejarse lo más posible de la quema. Él es amigo de Alberto Cortina, sigue siéndolo, y de Alicia Koplowitz. De la Rosa ha decidido romper amarras con un asunto que le resulta francamente desagradable. Por su parte, Alberto Alcocer, presidente único de Construcciones, mantiene una curiosa postura intermedia. En una balanza, sus simpatías hacia su socio de toda la vida pesarían más que ninguna otra cosa.

El problema no ha hecho más que empezar. Pero lo más grave sigue siendo algo tan sencillo como lo siguiente: Alicia Koplowitz tiene menos apoyos de los que le otorgan sus derechos de propiedad. O hace suyos a los actuales gestores, o nombra otros nuevos... o no se podrá decir que controla la sociedad.

CAPÍTULO X

Se necesita delfín. Interesados acudir al Banco Central

Escámez también tiene sus armas

Cuando la ruptura de la fusión se hace oficial, Alfonso Escámez y Mario Conde se lanzan a una remodelación de sus consejos respectivos. La situación heredada del período fusionista, o sea, enemigos dentro de casa, debía ser dilapidada. Para Mario Conde, esto suponía neutralizar definitivamente a los tres consejeros que se colocaron al lado de los Albertos en la sesión del Consejo celebrada el 24 de enero: Jacobo Argüelles, Pablo Garnica Gutiérrez y Juan Herrera (el orden de los factores sí altera el producto).

Escámez, por su parte, "enseñaba el género". "Comprad más acciones", animaba a sus consejeros, que miraban la sobrevalorada cotización del Central en bolsa con profundísimo respeto. Estaba buscando empresarios —caballeros blancos— que pudieran asumir en su conjunto el paquete de Cartera Central, un 12 % del banco, que a precio de mercado suponía algo más de 60.000 millones de pesetas. En España hay gente rica —quizá no multimillonaria, pero sí rica— que pocas veces aparecerá en las páginas de los periódicos. Buena prueba de ello la dan las palabras del secretario general de Hacienda, Jaime Gaiteiro: "Hay diez mil titulares de primas únicas que superan los 100 millones de inversión cada uno". Si alguien suscribe en un sólo y peligroso activo financiero, de una sentada, esa cantidad es porque posee un patrimonio muy superior. Pues bien, esos empresarios, que posiblemente no exigirían puesto en el Consejo, son los que buscaba el presidente del Central, al que desde el cuartel general de Construcciones y Contratas se le consideraba incapaz de conseguir esa cantidad. El propio

Pedro Toledo, que no siente especiales simpatías por su colega murciano, opina lo contrario: "Yo sí creo que Escámez puede comprar ese paquete. Alfonso tiene muchos amigos". Una frase que no conviene olvidar. Escámez podría llenar muchos folios con los nombres de aquellos que le deben favores. Dispone, además, de sus tres mosqueteros: Antonio Beteré, José Ferrer y Pedro Ballvé, o lo que es lo mismo, Flex, Freixenet y Campofrío. También posee una especie de consejo asesor para la política industrial, instalado en el Banco de Fomento. A qué se dedican en sus reuniones periódicas no se sabe, pero casi todos ellos pueden movilizar una lista de empresarios amigos.

La familia Beteré, propietaria de la empresa Flex, siempre ha tratado de pasar inadvertida, más o menos como todos los grandes patrimonios españoles. Antonio Beteré, presidente de la empresa y consejero del Central, es un aragonés enamorado de su producto. En cierta ocasión, en un restaurante madrileño, mantuvo una apasionante conversación con un camarero acerca de las ventajas del colchón Flex sobre los de la competencia. Es el único personaje del mundo empresarial que ha creado una filosofía del catre y de la importancia de la cama en la humana existencia: "La cama es una de las cosas más importantes de la vida", afirma sin modificar el rictus un milímetro. Como buen aragonés, siente por la ancianidad un respeto que casi se convierte en reverencia y bastante menos respeto por los catalanes. Es, de los caballeros blancos de Escámez, el más solícito a las sugerencias del presidente del Banco Central, y también del que se puede esperar una mayor fidelidad a la entidad, en cuya gestión se guarda mucho de intervenir.

Los Ferrer, al igual que el caso anterior y que los Ballvé, una familia que explota un mismo negocio, han sido los fabricantes de cava más ágiles de todo este sector, que no han dudado en saltar las fronteras. Los terrenos de explotación que hoy poseen en Estados Unidos pueden empequeñecer en breve tiempo a la casa matriz. Freixenet ha fiado a la exportación, con notable éxito, el futuro del negocio. Desde su reducto catalán se encuentra alejado del mundanal ruido madrileño y sólo acude a los consejos del Central por obligación, pero ha secundado de forma reiterada la estrategia de su amigo Alfonso.

El más joven de los tres es el propietario de Campofrío, Pedro Ballvé. Escámez le apoyó decididamente para recuperar el capital de su empresa que estaba retenido en manos extranjeras. La operación puede resumirse como un intercambio accionarial: El Central invirtió en Campofrío y los

Ballvé lo hicieron en el accionariado del Central. Una operación de intercambio de acciones sigue siendo la mejor manera de evitar los reparos que el Banco de España pone a la autocartera de las entidades de depósito. Sin embargo, pocos la han utilizado. Pedro Ballvé tiene esa apariencia de comerse crudos a los niños, pero a pesar de su distanciamiento, y de su amistad con personajes de Cartera Central, fue también el espadachín del banco que más se entusiasmó con el proyecto de fusión, independientemente de las peleas personales. Su relación con Escámez ha sido más comercial y menos personal que en los otros dos casos.

Se calcula que entre los tres poseen entre el 8 y el 9 % del Central. En Construcciones lo dudan: si realmente alcanzaran ese porcentaje, el banco se encargaría de pregonarlo a los cuatro vientos, dado el ambiente de bofetadas que se respira. El argumento resulta bastante lógico.

El Central aplica la ley de sociedades anónimas

El caso del Consejo del Central es paradigmático de las estructuras de poder de la banca española. Para ser consejero del Central basta con adquirir doscientas acciones, que pueden salir, prescindiendo de las fluctuaciones, por algo menos del millón de pesetas. Cualquiera, pues, puede ser consejero del Central pidiendo un crédito instantáneo. Antes de la "Albertada", o entrada hostil en el Central de Cortina y Alcocer, la veintena de consejeros de la Casa apenas controlaba un 2 % de la entidad, figurando como "primus inter pares" Marita Villalonga, hija del predecesor de Escámez en la Presidencia, Ignacio Villalonga, aquel financiero que hizo del diminuto banco que se encontró la primera entidad del país, siguiendo el lema que le haría famoso: "Si venden rábanos cómpralos".

El Central no era la excepción en materia de consejos accionarialmente débiles. Cuando el tiburoneo sólo era un divertimento literario importado de América, lo que convenía era disponer de consejeros dóciles, deseosos de figurar entre los señeros miembros de una importante institución bancaria. Para sus miembros suponía una participación en beneficios, dietas y posiblemente negocio. Todo ello a cambio de una reunión mensual y su presencia en las juntas, por lo general anuales. El presidente tenía bien atada su fidelidad, pues de él depende otro factor tantas veces olvidado: la presencia en los consejos de las sociedades participadas.

Y lo más divertido es que este esquema podía venderse como rasgo de modernidad, por aquello de la separación entre propiedad y gestión. Si el Gobierno se había inventado, en la misma dirección, la teoría de la patrimonialización, los presidentes bancarios hacían lo propio aludiendo a la conveniencia —que como se ha visto no era tal— de que el propietario no se inmiscuyera en la gestión de la sociedad. Era así como los bancos llevaban una existencia plácida... hasta que llegaron compradores que querían hacer valer sus derechos, y para los que propiedad y control debían ir unidos.

No es éste un problema español, sino que se repite en todos los países que cuentan con grandes corporaciones industriales y financieras, casi nunca controladas al 51 % por una sóla persona, dada su dimensión. John Reed, presidente de Citicorp, el banco más representativo del mundo, afirma que cuando da cuentas de su gestión se dirige a tres colectivos: en primer lugar, a los fondos de inversión colectiva —generalmente de pensiones—, accionistas mayoritarios en las grandes entidades, pero que no hacen sino representar a sus abonados y que no tienen ningún interés de control sino de máxima rentabilidad. Es su trabajo. En segundo lugar a la prensa, de la que depende la imagen del banco, que también se mide en dinero. Por último, se dirige a los accionistas individuales, por obligación legal más que otra cosa. Reed es un gestor, joven por añadidura, que, aún por razones distintas, está aplicando la misma teoría de Escámez, que podríamos resumir así: es tan ingente el capital de los grandes bancos que prácticamente da lo mismo que usted posea el 0,1 % o el 49,9. Hasta que no disponga de la mayoría absoluta no pinta nada, y deberá conformarse con cobrar el dividendo.

Según esta teoría, unos Albertos propietarios del 13 % del Central no representan nada, a pesar de haber invertido en el invento —en unión con KIO— más de 60.000 millones de pesetas. Escámez, con cero coma cero algo, mantiene todo el control. Son sus ejecutivos los que mandan, los que se conocen el negocio. De hecho, la paradoja consiste en que Alberto Cortina se encuentra ahora en la misma situación frente a las hermanas Koplowitz que la de Escámez hace unos meses frente a Alberto Cortina. Y todo ello con la Ley de Sociedades Anónimas en la mano. Si usted posee el 10 % de una sociedad le corresponde el 10 % de los consejeros, ni uno más. En esas condiciones, la única arma de los Albertos era la algarada pública y el poder político. Gracias a ambos fueron ganando batallas.

"La banca es psicología"

La frase es de Luis Valls. También podría haber dicho "guerra de nervios" o "relaciones públicas", pero el presidente del Popular es aficionado a elevar la anécdota a categoría. Valls debería coincidir con Galbraith cuando afirma que "el proceso por el cual los bancos crean dinero es tan sencillo que repele a la inteligencia". Lo difícil no es gestionar un banco, sino controlarlo. Por eso, el verdadero trabajo de Luis Valls consiste en que "consejeros y ejecutivos, cada uno en su papel, se sientan a gusto". Luzón, el presidente del Banco Exterior, es mucho más duro cuando afirma que "esto de la banca es un negocio para tontos". Podría haber añadido: cuajado de tecnicismos y de un protocolo que semejan lo contrario, pero con un contenido muy simple.

Lo realmente complejo es satisfacer a un grupo de colaboradores que arrastran sus particulares ambiciones, en ocasiones muy cercanas a la de acceder a la Presidencia. Tarea de titanes. Los servicios centrales de un banco suelen ser hacinamientos de materia gris, algo tan peligroso como la ausencia de la misma. Al no existir unas reglas fijas para el reparto del poder entre los propietarios, y al unirse a esto la disfunción que produce el gestor, generalmente más poderoso que aquéllos, el problema simplemente no tiene solución objetiva. El poder bancario hunde sus raíces en el factor humano, y en una serie de relaciones personales y fidelidades mutuas de difícil encuadramiento. Las comidas, las visitas a domicilio, las esposas de los financieros se convierten así en partes del balance.

Por todo ello, lo que los Albertos han venido haciendo en el Central primero y en Banesto después son guerras de nervios. A un presidente de banco no se le puede echar, hay que conseguir que él se vaya. Lo que intentaba Construcciones y Contratas era que Alfonso Escámez y Mario Conde presintieran cada sesión de consejo como un calvario que cada vez se hacía más insoportable. Por ello también, la prensa —léase el ridículo público— se convirtió en el arma más eficaz para desmoralizar al contrario. Hay cosas de las que una persona no se avergüenza, —e incluso se enorgullece—, pero que no desea ver en letra impresa. A lo largo de año y medio, el gran instrumento de Construcciones y Contratas fueron los comentarios continuados sobre la pésima gestión de Banesto y de Central. Y han ganado esa batalla. Hoy, ambas entidades son para la inmensa mayoría poco menos que casas amenazadas de ruina, algo que no se corresponde a la realidad, por más que sus tasas de rentabilidad sean inferiores a las de sus colegas. El mismo objetivo perseguían las preguntas de Aristóbulo de Juan en el Consejo de Banesto del 24 de enero.

Es un juego peligroso, porque, en banca, la realidad tiende a imitar la imagen. Efectivamente, si gente a la que se presupone ecuanimidad repite que un banco va mal, lo más probable es que acabe por ir realmente mal. Los Albertos contarían aquí, además, con la inestimable ayuda del gobernador del Banco de España. Sus declaraciones de Barcelona acerca de Banesto irritaron a altos cargos del propio banco emisor. Nunca un gobernador había llegado tan lejos, pues es norma que el banco de bancos nunca opina públicamente sobre una entidad, sino que actúa en contacto directo con los responsables de la misma.

En esa línea, Escámez disponía en su pugna contra los Albertos de todos los instrumentos legales para pararles los pies. Si el número de acciones que se controlan es una cuestión de prestigio, cualquier presidente de banco puede poner sobre la mesa más que el mejor tiburón. Los títulos bancarios se controlan principalmente a través de las redes de sucursales. Cada director de oficina dispone de un puñado de clientes accionistas dispuestos a ceder sus derechos políticos. Es la técnica del juego bancario en España: Le concedo esa línea de descuento a cambio de que compre usted equis acciones de mi banco y me ceda sus derechos de voto para la junta general. Por eso, cuando las aguas corren turbias, los presidentes no dudan en explicar ante las juntas que han recibido la delegación de voto de un sin número de accionistas, que claramente supera el 51 %, por más que los miembros del Consejo representen porcentajes mínimos. En la primera Junta General de Accionistas del Central tras la entrada de Construcciones y Contratas —enero del 88— los Albertos lanzaron una amenaza que culminaba con la siguiente fórmula: si se cumplen nuestras condiciones "sólo se oirá la voz de Alfonso Escámez", es decir, el escándalo, huero de contenido en una junta dominada por la Presidencia, pero escándalo a fin de cuentas. Sabían que legalmente —entre autocartera disfrazada y delegaciones de voto— el presidente superaría ampliamente el 51 % que le otorgaba plenos poderes.

Un delfín llamado Antonio Escámez Torres

Alfonso Escámez es el segundo de una familia de cinco hermanos, tres de los cuales han estado ligados al Banco Central. Escámez se ha quejado en ocasiones de que su hermano Antonio, consejero de la entidad, ha visto mermadas sus posibilidades de ascenso para evitar suspicacias por el hecho de ser su hermano.

Al líder del Central siempre se le ha echado en cara su renuncia a delegar funciones, y más en concreto el hecho de que acaparara los cargos de presidente y consejero delegado al mismo tiempo. Sus amigos le recomiendan que nombre heredero, un delfín que deje clara la sucesión, particularmente cuando ''el enemigo está dentro''. A sus setenta y tres años no deja de ser una sugerencia interesante. Sin embargo, el de Águilas gusta recordar que lo mismo le decían a José María Aguirre, el gran patriarca de la banca española en los años setenta y ex-presidente de Banesto, así como la respuesta de éste: ''Y para qué voy a nombrar delfín, si se me mueren todos''. Recientemente, Escámez aclaró un poco la situación, al afirmar que no pensaba nombrar sucesor. Su idea es que el Consejo lo designe el mismo día en que él anuncie su retirada, aunque en la práctica será su dedo el que señale al elegido. La única pista que Escámez proporciona es la de que el sucesor ''saldrá de dentro de la casa'', y corren serias dudas sobre el hecho de que considere ''de la casa'' a los hombres de los Albertos, y particularmente a Romualdo García Ambrosio.

Escámez no tiene hijos, por lo que guarda con sus sobrinos una relación muy especial. Dos de ellos llevan años en la estructura del Banco Central. Se trata de Agustín, director para la zona de Valencia, y de Antonio Escámez Torres, consejero director general de la entidad para el área de internacional y uno de los tres altos ejecutivos del Central de hoy, junto a Epifanio Ridruejo y Luis Blázquez.

El Central tiene algo de monarquía. No se habla aquí de su estrecha ligazón a la familia real española —Escámez ha puesto a disposición de la infanta Pilar, hermana del Rey Juan Carlos, un despacho propiedad del banco ubicado en la madrileña calle de Barquillo, justo al lado de la oficina principal del Central—, ni de que actúe como principal asesor financiero de La Zarzuela, sino del estilo de mando. En esto se parece a los Botín, que van preparando desde la adolescencia a sus sucesores con el objetivo último de incorporarlos a la empresa familiar.

Antonio Escámez Torres cuenta con una gran ventaja sobre Epifanio Ridruejo: tiene 35 años de edad, frente a los 56 del segundo de a bordo. Frente a Luis Blázquez, presenta un carácter afable y mucho más cauto. Volvió a Madrid poco antes de la fusión y entró por la puerta grande en el Consejo. No ha perdido el tiempo. Antes se había pasado 8 años en el filial norteamericano Bank Central of New York, siete de los cuales ejerció como presidente. Su especialidad es el negocio internacional, y en dos años escasos ha sabido ganarse la confianza de todos los altos cargos de la entidad. Podría ser, en resumen, el sucesor esperado.

El problema es que la técnica no resulta sencilla. Su tío, don Alfonso, está hecho un toro, pero la edad no perdona. Ante cualquier incidente de salud, con la sucesión en el aire, los acontecimientos podrían precipitarse, sobre todo cuando se cuenta con un accionista hostil dispuesto a no desperdiciar ninguna oportunidad. Cuatro años —el período que el presidente del Central contempla como el final de su horizonte profesional— son suficientes para que Escámez Torres vaya cuajando en la Casa y dé el salto. Ya es consejero, sólo falta que conozca todas las áreas. De hecho, si pasara de internacional a cualquier otro segmento de negocio se confirmaría la tesis. La forma de efectuar el relevo —por razones de imagen y para que no sea el propio Escámez quien designe a su sobrino— sería ceder la Presidencia a un hombre de total confianza que hiciera a Escámez Torres consejero delegado con la máxima capacidad ejecutiva, puesto desde el que saltaría a la Presidencia tras un breve interregno.

El Consejo de abril

A estas alturas de la película, tras año y medio de peleas con los Albertos y una fusión frustrada, el banquero de Águilas se ha fortificado frente al Gobierno. Vamos, que no es un hombre dispuesto a ceder a presiones políticas, simplemente porque no tiene nada que perder. Los pactos —nadie sabe cuántos se han firmado— ya no le sirven. En mayo del 89, Escámez empezó a considerar la idea de no ir a una confrontación de caballeros blancos, ni seguir cediendo frente a los Albertos... ni ninguna otra cosa. Sencillamente, quería mantener la cuestión tal como estaba, con representantes de Construcciones y Contratas en el Consejo de Administración y en la Comisión Permanente. Que sigan ahí, con un 12 %. Ya tienen suficientes problemas internos —pensó Escámez— como para preocuparse de buscarse más en el Central. La única pega de esta tesis es que García Ambrosio siga liderando la estrategia bancaria de Construcciones y la entidad financiera se vea de nuevo envuelta en escándalos de todo signo. Alicia Koplowitz, con un ojo puesto en el pasado y el otro en su desconocimiento de la empresa que posee, dejaba hacer. García Ambrosio no tardó mucho tiempo en lanzar su primera andanada contra Alfonso Escámez. Tras cerrar los acuerdos con KIO y con Conde —y tras un paréntesis efímero durante el que se impusieron las tesis pacifistas de El Corte Inglés— llegó el Consejo del Central del 19 de abril de 1989. El método usado por Ambrosio fue similar al utilizado en Banesto el 24 de enero de ese mismo año: negarse a aprobar los estados contables. Y es que, tras llegar a un acuerdo con Conde, el objetivo a batir era Escámez.

Con la ruptura de la fusión, acaecida mes y medio antes, Banesto y Central se vieron obligados a retirar aquellas partidas engrosadas con cargo a las plusvalías de fusión. Esto es, los balances de ambas entidades presentaban un semblante menos risueño que el previsto, aunque se mantenían las partidas clave de las cuentas de resultados, con un dividendo de 175 pesetas por acción. Además coincidía el turbulento ejercicio 88 con las nuevas exigencias del Banco de España en materia de dotaciones —o remanentes que los bancos deben retirar del negocio para prever exigencias de sus trabajadores y de los morosos—. Así pues, ambos bancos se vieron obligados a pactar con la autoridad monetaria una demora en la cobertura de estas exigencias legales. Por lo demás, los estados contables del Banco Central eran exactamente los mismos que los representantes de Construcciones ya habían aprobado tres meses atrás, en medio de grandes alabanzas para el equipo directivo de la entidad y su espíritu de transparencia para con los propietarios. Aún más, el Banco de España también había dado su visto bueno a las cuentas. Lo único que había cambiado en esos tres meses era la fusión. Enero fue tiempo de vino y rosas. Abril había traído consigo el sarpullido primaveral.

La sesión del 19 de abril fue tormentosa desde el principio. García Ambrosio no se distingue por su originalidad, así que volvió a esgrimir el viejo argumento, retirado hasta entonces de la circulación por necesidades del guión: No se nos informa. Escámez Torres, Blázquez —más duro que ningún otro— y el sereno Epifanio Ridruejo insistieron que tanto el Banco de España como los propios Albertos ya habían bendecido esas cuentas, que nada había cambiado salvo el nuevo estado de cosas provocado por la ruptura con Conde. Que si quieres arroz Catalina.

Ambrosio intenta entonces seguir solicitando información, pero a esas alturas el rostro de Escámez ya se había vuelto rojo bermejón. El presidente exige la votación. Es entonces cuando García Ambrosio pronuncia la frase que pasará al diccionario de curiosidades mercantiles: "Ni voto a favor, ni en contra, ni me abstengo, porque no tengo criterio sobre ese tema". Alguno de los presentes casi suelta la carcajada. Ambrosio acababa de batir todas sus marcas. Metafísicamente resulta un poco difícil desentrañar el significado último de la postura de un hombre que ni vota a favor —comprensible—, ni vota en contra —comprensible—, ni se abstiene —¿?—. Y más jocoso resultaría el hecho de que, uno a uno, sus cuatro compañeros —Alfonso Cortina, Alberto Cortina, Alberto Alcocer y Álvaro Alepuz— respondieran: "Yo lo mismo que Ambrosio". Aquello fue sencillamente genial.

Escámez, sin embargo, no estaba para risas. El murciano —que había soportado durante seis meses a un Ambrosio picajoso, empeñado en responderle aquello de "el señor presidente no me deja hablar, me retira el uso de la palabra"— no se aguantó y amenazó:

—Aquí se puede plantear un conflicto de intereses. Algo parecido a decir: Ustedes participan en empresas que hacen la competencia al Central. Ustedes se llevan información de este banco que puede ser utilizada en nuestra contra. Ya no era una pelea personal, sino abrir la posibilidad de acabar en los tribunales.

No obstante lo señalado, Construcciones había modificado en un punto casi imperceptible su actitud pasada con Banesto. Con Conde disponían de un delantero rompedor como Aristóbulo de Juan, lo que no ocurría en el Central. Con Conde, además, se preocuparon de airear a los cuatro vientos el enfrentamiento habido. Sin embargo, sobre el Consejo de abril en el Central mantuvieron una exquisita discreción. La táctica consistía —y volvemos así al comienzo— en romper los nervios de Escámez, pero su trascendencia pública podrá obligar al Gobierno a actuar de nuevo. Bastantes escándalos —con el consiguiente desprestigio de la banca española— había proporcionado la fusión como para que también los provocara la desfusión. De ahí la fórmula del "y ni tan siquiera nos abstenemos". Lo que ocurre es que les salió un tanto pueril. Mariano Rubio, en cualquier caso, no pronunció aquello del "no hay precedentes para esta situación". La gente del Central, por otro lado, sufrió calambres de tanto reír por el "no tengo criterio sobre ese tema". No hace buena figura el responsable de una sociedad que no tiene criterio sobre la situación de la misma reflejada en sus estados contables. La razón para no tener criterio era, claro, el no nos informan.

La banca española se había desfondado definitivamente. En una primera etapa todos actuaban movidos por el bien de las instituciones.
Más tarde, ya no fue necesaria esa máscara. Se aludía a los agravios acumulados como excusa para cualquier jugarreta. Por último, se entra en la descalificación mutua. El espectáculo era lamentable. Pero había algo más. El papel de la Administración pública había quedado relegado, posiblemente por sus propios errores. O sea, que en la pelea no había árbitro.

CAPÍTULO XI

¡Qué horror: ganamos dinero!

Lo público en España

Cuando amanecía el huelguístico mes de mayo del 89, tuvo lugar una de esas polémicas terminales que pasó casi inadvertida. Un periódico publica la noticia de que el Instituto Nacional de Industria preveía alcanzar en ese año los 150.000 millones de beneficios. 1988 había sido el primer año de beneficios —31.000 millones— tras tres lustros de pérdidas en esta emblemática institución de la empresa pública española. Jordi Mercader, presidente del INI, se había mostrado satisfecho de ello, pero con ese espíritu de autoflagelación que lleva a nuestros gestores estatales a evitar puntillosamente cualquier asomo de triunfalismo. Pues bien, en el INI, aquel reportaje cayó como una bomba. Los responsables del Instituto se apresuraron a responder. Su vicepresidente, Miguel Ángel Feito, concedió una entrevista donde rebajaba sus previsiones de ganancia. Una vez más, los propios mandatarios de la empresa pública consideraban el beneficio un lujo demoníaco. Cuando un empresario privado ha logrado aumentar su rentabilidad infla el pecho y convoca una rueda de prensa para pregonar a los cuatro vientos lo inteligente que es. Cuando un empresario público se encuentra en similar situación parece pedir perdón por el desafuero.

Lo de menos es la veracidad de la noticia. También lo es que la reacción del INI fuera una especie de prevención ante las previsibles demandas sindicales. Es igual. Su postura era el reflejo de una actitud cada vez más extendida entre la clase política y económica: la de que, por definición, lo público es menos rentable que lo privado. Y un añadido dantesco: si no lo es hay trampa, favoritismo, monopolio, o simplemente se trata de una excepción. Si alguien se atreve a decir lo contrario se le recordará ENASA, ENSIDESA, HUNOSA y, cómo no, la perversa RENFE.

Curiosamente, a la hora de la comparación entre empresas públicas y privadas —o entre banca pública y privada— nadie repara en la sanidad de Repsol, la primera empresa petrolera española, cuyos ratios de rentabilidad superan a los de las petroleras privadas. Tampoco se hace mención de la Empresa Nacional de Electricidad (ENDESA), de la que puede decirse exactamente lo mismo en el vital sector eléctrico. Se elude reconocer que los privilegios de la empresa pública en España han sido contrarrestados en no pocas ocasiones con las servidumbres que le impone su carácter. El INI ha venido acogiendo a un puñado de empresas privadas en ruinas. Sólo el Banco Exterior sigue manteniendo, por imperativos de la política gubernamental, créditos a países sudamericanos, de los que hace tiempo huyó la banca privada española. Las reconversiones siderúrgica y naval, sectores repletos de iniciativa privada, se hicieron con cargo a la cuenta de resultados del público Banco de Crédito Industrial. La necesidad de mejorar la infraestructura ferroviaria del país hace de RENFE un monstruo obligadamente deficitario, pero sus pérdidas sirven de escándalo y argumento a los representantes de la marea liberal que llena, no sólo el mundo empresarial —lo que resulta lógico—, sino los ministerios socialistas —lo que resulta bastante menos lógico—. Decididamente, hasta para sus propios administradores, defender la empresa pública no está de moda.

No se trata aquí de llegar al extremo que criticaba aquel mandatario norteamericano de visita por la España franquista: ''Este es el único país que conozco en el que las autopistas las construyen empresas privadas y los coches que van por ellas empresas públicas''. Quizás, en Norteamérica no se sepa que pocos concesionarios de autopistas hubiesen sobrevivido en España sin el chollo del seguro de cambio, que se financia con cargo a los impuestos de los ciudadanos. Porque la gracia está ahí. La empresa pública es la mala, y la buena no hace falta señalarla. Pero los sectores más privados se financian en muchas ocasiones con las subvenciones que por mil vías llegan desde el Estado, y que constituyen la pieza clave del déficit público de carácter crónico que presenta el país. El secretario de Estado de Hacienda, José Borrell, no deja de repetir que está harto de ver pasar a cientos de liberales por su despacho reclamando ayudas.

Darwinismo empresarial y regalismo ideológico

A pesar de ello, los socialistas españoles —corrompidos por las ideas de la nueva modernidad europea— han ratificado con su política esa valoración sesgada de la empresa según la naturaleza de sus propietarios. La empresa pública ha sido hasta la década de los setenta un emblema de la izquierda, no por sí misma, sino por lo que filosóficamente representaba y por su carácter subsidiario ante los grandes retos económicos, y en especial ante el paro. Donde el empresario no quería ir, iba el Estado. Ahora, donde el empresario no ve claro su futuro simplemente no va nadie. El socialismo actual entiende por público servicios públicos, no empresa pública. Además, en el caso del PSOE, se deja entrever una variante con resabios autocráticos, consistente en permitir que la iniciativa privada cope el aparato productivo, salvo cuando se trate de empresas que venden ideas o intangibles: televisión, educación, universidad, editoriales, actividades culturales, centros de investigación, etc. En estos casos, si se puede cierra la puerta; si no, se entreabre, y si ya está abierta se dificulta el desarrollo —caso de la prensa escrita—. Los intangibles representan los canales de influencia de una sociedad. Así llegamos a un paraje político definido por una combinacion de darwinismo empresarial y regalismo ideológico. Esto es, la Administración socialista veda la fabricación de embutidos y reduce la capacidad de la sociedad para producir ideas. A eso se le llama miedo a la libertad.

La derecha tampoco puede hablar muy alto. Parecen importarle más los embutidos que las ideas. Su petición de libertad fue compatible con el mantenimiento del monopolio televisivo mientras estuvo en el poder, para dejar a la izquierda su ruptura. Al final, si la izquierda también juega a privado, ¿qué signo de distinción le queda a la derecha?

Y hay una última consideración. El desprecio de la empresa pública por parte del Estado implica entrar en un peligroso círculo vicioso de individualismo, donde todo tipo de solidaridad es motejada de ingenua, cuando no de antigua. Los sindicatos no se han librado del contagio. Así, se muestran más irreductibles y pendencieros en los centros públicos de trabajo, llegando a poner en un brete la viabilidad de las empresas propiedad del Estado —luego veremos cómo se da un ejemplo paradigmático de esta actitud en la banca pública—. Reclaman y van a la huelga en demanda de prestaciones sociales, no de puestos de trabajo públicos, siempre menos precarios que los privados. ¿Es que alguien recuerda a un sólo líder sindical reclamando la creación de una empresa pública?

A estas condiciones doctrinales se une el caso particular de España, un país con grandes desigualdades regionales, donde las comunidades ricas son cada vez más ricas y las pobres cada vez más pobres. En Andalucía —8 millones de habitantes— la empresa con más trabajadores es el Instituto Nacional de Empleo. Para que una zona económicamente desierta avance, precisa una concentración de capital capaz de crear supercentros de producción que arrastren la economía y provoquen la creación de pequeñas empresas que se muevan en su órbita. La historia enseña que en los países atrasados es el capital extranjero o el Estado quienes provocan el despegue. Aunque España, en su conjunto, no se puede catalogar como país en fase de desarrollo, existen zonas geográficas que responden a ese retrato. Existe, también, una tasa de paro muy superior a la de los países de nuestro entorno. Para más dificultad, se trata de un paro poco cualificado.

Pero ocurre que en España no hay multinacionales dignas de ese nombre. Las grandes corporaciones extranjeras acuden a aquellas zonas que le ofrecen una infraestructura de medios y de personas adecuadas. Y si uno espera que la gran banca privada entre en el juego es que desconoce las razones que motivan a los presidentes de nuestros monstruos financieros. Los nuevos califas del dinero ni de lejos han modificado esta situación. Llega un momento, una especie de "take-off" personal, en el que el nuevo rico deja de preocuparse por el crecimiento de sus sociedades, o por la creación de otras nuevas. Lo que desea es situarse entre los grandes. Tiene prisa por entrar en el reducido grupo de elegidos para la gloria, los líderes del dinero. A partir de ese momento compra empresas ya en funcionamiento, no las crea. Pues bien, el Gobierno español tampoco está por la labor de coger ese testigo.

Sólo un ejemplo bastará como ilustración. Jesús Prieto, el presidente de la empresa pública MERCASA, gran mayorista de la alimentación, concibe la idea de crear su propia locomotora en este sector. Se trataba de llegar al consumidor final, creando, en compañía de la también pública Tabacalera y otras empresas privadas, superficies de venta. Y sin alegrías. El proyecto consistía en empezar con pocos establecimientos e ir apuntalando el futuro. La idea era muy racional. La alimentación, el vestido y la vivienda son sectores clave, particularmente en las zonas más deprimidas, porque los pobres se parecen a los ricos en tres cosas: comen, visten y duermen.

La distribución, y no la producción —Solchaga no se cansa de repetirlo—, es el negocio con más probabilidades de éxito en el momento presente. Las grandes empresas alimentarias que compran al por mayor y venden al menudeo son una de las notas distintivas de la Europa de hoy. Nuestro país tiene, además, redes de distribución muy deficientes. Estamos colonizados por una serie de monstruos alimentarios extranjeros, principalmente franceses. Por último, las economías de escala que crean este tipo de corporaciones consiguen reducir los precios de los alimentos, el componente de más difícil control de cuantos componen el índice de precios al consumo. Si en algo ha fracasado el Gobierno es en la lucha contra los escalones intermedios de la distribución alimentaria, que duplican, triplican o cuadriplican el precio originario del producto.

Pues bien, el objetivo de MERCASA no cayó bien en la Administración. "El Estado no es un tendero", fue la muletilla utilizada. El proyecto, modesto en origen, amenaza con quedarse en nada. La empresa pública, aunque se cree con ánimo de ser privatizada en el futuro y como remedio para situaciones excepcionales, está mal vista en Europa.

No se pueden comprender los avatares de la banca oficial sin considerar el descrédito en que ha caído el sector público, del que forma parte. No obstante, la banca, una vez más, guarda diferencias con la industria. En esa Europa que reniega de la empresa pública existen países, como Francia o Italia, con una banca nacionalizada. Y en el caso francés, además, se trata de supermonstruos financieros, creados en ocasiones de modo muy artificial, que figuran entre los primeros del mundo en dimensión —y en el furgón de cola en cuanto a rentabilidad—. En España, hasta hace un año, la banca pública sólo ha sido un apéndice de los presupuestos generales del Estado. Es ahora cuando comienza a despertar.

La gran desconocida

Por banca pública hay que entender el Instituto de Crédito Oficial (ICO), sociedad estatal propietaria de cuatro entidades especializadas en otros tantos sectores: El Banco de Crédito Local (BCL), el Banco de Crédito Industrial (BCI), el Banco de Crédito Agrícola (BCA) y el Banco Hipotecario de España (BHE). Además, hay que contar con el Banco Exterior, que aun con accionistas privados pertenece en un 51 % a la Dirección General del

Patrimonio del Ministerio de Hacienda. En el grupo Exterior se incluyen otros tres bancos nacionales —Alicante, Cantábrico y Simeón—, más otras 12 filiales en el extranjero. También posee el 20 % de las acciones del Banco Atlántico. Por último, queda la Caja Postal, distinta a los otros dos, pues orgánicamente es un departamento más de la Dirección General de Correos, esto es, una rama más de un Ministerio, en este caso el de Transportes. A pesar de sus diferencias, con una u otra estructura jurídica, sobre las 3 organizaciones, o si se prefiere, sobre las 21 entidades de depósito, manda el Gobierno. Si se unieran sus balances, esto es, si se fusionaran, nos encontraríamos con un grupo financiero de proporciones similares al Banco Bilbao Vizcaya.

Tal ha sido la tentación desde 1986. En concreto, dos ministros hablaron mucho de ello: Carlos Solchaga, ministro de Economía y Hacienda, y el ex-ministro de Transportes, Abel Caballero. Lo más lógico era que si el Gobierno se plantaba ante la opinión pública como patrocinador de las fusiones bancarias entre privados, diera ejemplo utilizando el potencial del crédito público. Dos dificultades se interponían, y hubo que dejar el proyecto para más adelante. Por una parte, la delicada situación del Banco Exterior, el más parecido en su funcionamiento a la banca privada pero con unos ratios de rentabilidad muy inferiores a los de la competencia. Miguel Boyer, entonces presidente, seguía considerando el cargo como un paso hacia más altas metas. Por otra, los sindicatos se negaban en redondo a que Caja Postal abandonara su carácter actual y se convirtiera en sociedad anónima —siempre en la órbita del Estado—, pues el paso suponía una serie de consecuencias laborales sobre la plantilla. La idea consistía en no permitir la separación entre el servicio de Correos y su perla, la Caja Postal. Y si hay algo fuerte en España son los sindicatos de Correos.

No obstante, el sueño de crear el gran ''holding'' bancario público continúa. El Exterior, por su parte, también era objetivo de algunos bancos privados, no por su solvencia, sino por su red de oficinas en el extranjero y por su negocio de créditos a la exportación. Ya se ha hablado del plan de Pedro Toledo, pero durante el período fusionista también se habló de un binomio Exterior-Hispano. El entonces vicepresidente del Exterior, Rafael Martínez Cortiña, se vio obligado a desmentirlo. Por otra parte, el crédito a la exportación supone uno de los grandes errores de la banca privada española. Cuando las empresas exportadoras eran una especie de bichos raros, los bancos privados dejaron que fuera el Estado —mediante coeficientes y condiciones privilegiadas, todo hay que decirlo— quien fomentara las exportaciones. Ahora se ha abierto una carrera para ver quién se queda con el mayor trozo del pastel, pero resulta muy difícil desbancar al Exterior —con años de experiencia a sus espaldas— precisamente en un momento en que las exportaciones españolas presentan un ritmo ascendente —aunque el déficit de la balanza de pagos empeore por momentos—.

El banco de los carteros salió respondón

Sobre la Caja Postal de Ahorros la mayoría de la gente guarda imágenes del pasado. Aquel hijo extraño del servicio de Correos, perdido en los lugares más inverosímiles de la geografía rural española, apenas utilizada sino por aquellos locos que gustaban de veranear en parajes rurales recónditos, no podía estar, al cabo de unos años, a la cabeza de los créditos hipotecarios y pujando fuerte en la intermediación de deuda pública, valores, leasing, y siga usted contando. Pero así era. Durante el quinquenio 83-87 la Caja Postal fue la entidad financiera española que experimentó un mayor incremento en su capacidad de generación de recursos, considerando tanto bancos como cajas. Además, de rural ya le queda poco. Todas las grandes ciudades españolas se han visto asaltadas por sus cursilísimos, pero bien visibles, carteles amarillos y negros.

Caja Postal puede convertirse en la mejor operación financiera en el balance de la era socialista. El cambio se debe al más "yuppie" de todos los "yuppies": Luis Delso, hoy consejero delegado del Banco de Comercio, la segunda marca del BBV. Del riguroso uniforme de banquero madrileño —traje gris, solapas cortas, zapatos negros, corbata azul— Delso puede pasar en sus escapadas vacacionales a la camisa más chillona y hortera, un mejunje de colores no apto para ojos delicados. Si alguien le contempla es ese momento pensará encontrarse ante un jovencito zumbón, amante de las discotecas y la vida nocturna. También puede disfrazarse de esteta, y huir a Florencia —dígase "Firensss", si no se quiere pasar por pueblerino— que se ha convertido en la meca artístico-lúdica del financiero hispano. Delso es uno de los más sobresalientes conspiradores del solar patrio, y también uno de los financieros más capaces. Su sucesora en el cargo de consejero delegado de Caja Postal fue Nieves Rodríguez. Luego llegó Baltasar Aymerich, catalán afincado en Madrid y ex-subsecretario del Ministerio de

Obras Públicas y Urbanismo. Menos llamativo que Delso, pero aún más conspirador.

Muñiz no quiere fusiones, tiene un proyecto

El presidente del Instituto de Crédito Oficial es Miguel Muñiz, que aterrizó en la banca pública desde la Secretaría General de Economía. Su sueño era lograr la conversión del ICO en sociedad anónima, de tal manera que el Instituto controlara de forma directa a los cuatro bancos, monstruos de gran tonelaje pero que operaban de forma casi independiente y con una red de sucursales muy pequeña. Lo consiguió, y hoy es el presidente de un organismo "propietario" del Hipotecario, el Industrial, el Agrícola y el Local. En total suman cerca de 5 billones de activos, lo que no alcanza ningún banco español, salvo el BBV. Sin embargo, la imagen de un banco se mide en buena medida por su presencia física, y resulta desolador comprobar cómo la inmensa mayoría de los españoles no sabe ni tan siquiera qué es el ICO. Muñiz tiene por delante una importante tarea que es tan propagandística como financiera. Desde la sede central de Caja Postal, situada a cinco metros de distancia, Aymerich no deja de mandarle mensajes de mutua cooperación, pues al consejero delegado de Caja Postal sí le gustan las fusiones, sean públicas o privadas. Muñiz tiembla cada vez que Aymerich comparece en rueda de prensa, y espera pacientemente a que se le pase lo que él llama el "entusiasmo del recién llegado".

—En toda Europa —explica Muñiz— existe un organismo financiero ligado a Correos, una caja postal. Se trata de un instrumento con gran tradición, y que no parece tienda a desaparecer. Además, la banca pública —en referencia sólo a los cuatro bancos ICO— está formando ahora un grupo más compacto, ya prácticamente igual a la banca privada, y ofreciendo mejores condiciones.

Es esta una de las claves más sintomáticas de la banca pública. El desconocimiento de su oferta. Para todo lo que sea pequeña y mediana empresa, el Banco de Crédito Industrial ofrece tipos más bajos que la banca privada, y algo similar puede decirse del Hipotecario cuando se trata de compradores de vivienda. Sin embargo, su oferta es poco conocida. Hay que volver aquí a una de las características más nítidas del negocio bancario en España. El 70 % de la población —según un estudio de Nixdorf Computer sobre los servicios bancarios— escoge su entidad financiera por la cercanía al domicilio. El dato echa por tierra muchos sesudos análisis sobre el "marketing" bancario y la innovación en los productos financieros.

El crédito oficial cuenta entre sus filas con una clase de financieros capaces y muy mal pagados, que acaban escuchando los cantos de sirena de las entidades privadas. En banca se trabaja por vocación un año, dos, máximo tres. Los que resisten más de ese tiempo en el crédito público son animales políticos comprometidos con la causa.

El informe de Julio Rodríguez: nace la crisis PSOE-UGT

Uno de los hombres de la banca pública que merece especial atención es Julio Rodríguez, presidente del Banco Hipotecario de España. Quizá se recuerde el fogoso debate televisado, previo a las elecciones generales de junio del 87, con la presencia de Carlos Solchaga y Nicolás Redondo. Tras mutuas acusaciones de cambios de trinchera y demás lindezas, Nicolás Redondo afirmaría lo siguiente:

—Tengo aquí un informe, Carlos —dijo en tono acusador—, de alguien que podría sustituirte como ministro de Economía...

La frase, de sabor críptico, y el contenido del informe quedaron en el aire. Pues bien, el autor era Julio Rodríguez. Un auténtico cerebro cuya locuacidad —tras ese informe convertida en absoluto mutismo— le ha impedido llegar a ministro. Es el representante de un sector socialista ubicado un poco más a la izquierda que el formado por los actuales rectores de la política económica. Ex-consejero de la Junta de Andalucía, Rodríguez es el elemento más destacado de una serie de militantes que constituyen la reserva oculta del PSOE, para el caso —cada vez menos probable— de que Felipe González y Alfonso Guerra decidieran modificar sus posturas hacia la coloración roja, y que sin embargo no pueden encuadrarse entre los progetistas, ni tampoco en Izquierda Socialista, ni en ninguna otra corriente. Son los que podríamos calificar de keynesianos, horrible concepto para la "beautiful", y en el que se encuadra también Francisco Fernández Marugán, el economista de Alfonso Guerra.

En definitiva, ese informe venía a demostrar que sí hay otra política económica alternativa. Y la hay incluso en el propio seno del PSOE. El informe había sido encargado desde el partido. En aquel momento, Corcuera tenía aún algo que decir —o al menos algo que incordiar— en materia económica. Entre alabanzas a los logros económicos del Gobierno, Rodríguez afirmaba que la contención de los salarios no era la única arma de lucha contra la inflación. Esto es, echaba por tierra al axioma favorito de las políticas económicas de Carlos Solchaga y Miguel Boyer. No hubiese pasado nada si Nicolás Redondo no hubiese sacado a la palestra aquellos papeles y nada menos que en televisión. Poco antes el ministro de Economía había cometido una de sus "tafalladas" en una comparecencia ante los miembros de la Asociación para el Progreso de la Dirección —lo más "beautiful" de nuestra casta empresarial, con Claudio Boada al frente—... Sin el más leve pudor socialista había animado a los empresarios a resistir las demandas salariales de los sindicatos, e incluso dejó entrever que eso podría implicar la ansiada rebaja de las cotizaciones empresariales a la Seguridad Social. Y, ahora, en el Pirulí, en directo para toda España, Redondo utilizaba un informe de su compañero de partido Julio Rodríguez para sacarle los colores. Solchaga podía esperar cualquier cosa menos eso. A partir de ese día, se abrió una brecha entre partido y sindicato que aún no se ha cerrado.

Desde La Moncloa se exigió a Julio Rodríguez que enviara una carta de rectificación. El plan era que Javier Solana, portavoz del gobierno, la leyera en rueda de prensa. Lo hizo, pero el Correo entretuvo la misiva —sí, fue Correos, no los duendes— y al final todo quedó en nada, con Julio Rodríguez condenado al silencio.

Como Delso, en su día Rodríguez ha sido candidato a todo: a la propia Presidencia del ICO, a la de la Caja de Ahorros de Madrid y a la Confederación Española de Cajas de Ahorros de Madrid y a la Confederación Española de Cajas de Ahorros. Ministrable eterno, ha pasado por "rojo" a un segundo lugar en las quinielas. El que se mueve no sale en la foto, pero el que no se mueve corre el riesgo de autocondenarse al anonimato. Desde entonces, el destino de Julio Rodríguez está condicionado a la capacidad de influencia de Guerra sobre González . Pero Guerra sabe poco de economía. Esas son cosas del Presidente.

Luzón, un privado que quiere ser público

Francisco Luzón, el directivo del BBV al que Solchaga colocó al frente del Exterior, empieza a mostrarse como el máximo defensor del Grupo Banco Exterior en su condición pública y solitaria. Él mismo sabe que en cuanto la salud de la entidad mejore los planes fusionistas del PSOE para el crédito oficial pueden hacer aparición, y también los de aquellos que solicitan, como el Partido Popular, que se modifique la obligación legal de que el Banco Exterior tenga mayoría pública.

Los proyectos de Luzón al frente del Exterior son muchos, pero todos pasan por una plantilla de muy baja productividad y demasiado recargada en su parte alta de la pirámide de edad. Por si esto fuera poco, los 9.000 trabajadores del Exterior cobran sueldos más de un 20 % superiores a los de la banca privada. Para una entidad que quiere hacer banca universal y abandonar una especialidad —el crédito a la exportación— que restringe sus posibilidades, la colaboración de esa plantilla se hace imprescindible. Ese es el juego. Los sindicatos, sin embargo, han respondido con recelos y suspicacias.

El Exterior se convertirá en un futuro próximo, posiblemente no más allá del horizonte de 1991, en termómetro de lo que va a ser el sector público español, tanto en el terreno financiero como en el industrial. Si el segmento del PSOE al que no repugna su privatización vence, o la derecha llega al poder, se habrá dado en este país la salida a la carrera privatizadora pura y dura, que parece haberse convertido en la pieza ideológica distintiva tanto de la derecha política como de la socialdemocracia.

Por otra parte, una fusión, total o parcial, de todo el crédito oficial supondría la nivelación del abismo que hoy separa al Banco Bilbao-Vizcaya del resto de la banca privada, tras el fracaso de la fusión Banesto-Central. Por el momento, la balanza de la libre competencia continúa muy inclinada hacia el País Vasco.

CAPÍTULO XII

Marcial, tú eres el más grande

Montedison: Un "as" en la manga

En diciembre del 87, mientras los hombres de Banesto libraban su batalla frente al Banco de Bilbao, con media España apostando por el Madrid —Conde— y otra media por el Atlétic de Bilbao —Asiaín—, en Italia se libraba otra batalla, esta vez por el control de Montedison, una de las grandes firmas mundiales del sector farmacéutico. Su presidente, Schimberni, era quien había catapultado a la fama a Conde adquiriendo Antibióticos por 58.000 millones de pesetas. Posteriormente, en el Consejo de Montedison había entrado el grupo Ferruzi, capitaneado por Raúl Gardini uno de los cuatro poderes de la Italia del milagro empresarial: Giovanni Agnelli (Fiat, o el Ministerio más poderoso de Italia), Carlo de Benedetti (Olivetti), Silvio Berlusconi (Fininvest) y Raúl Gardini (Ferruzi).

Conde, con su voto, había roto la paridad entre las huestes de Schimberni y las de Gardini en el consejo de Montedison, lo que provocaría la salida del primero y proporcionaría todo el poder al segundo. Gardini le quedó agradecido. A estas alturas la operación Montedison parece agua pasada. Pero no lo es en la vida de Banesto la conversación que tiempo después mantendrían el consejero de Montedison, Mario Conde, y el líder de la sociedad, Raúl Gardini. Tras el cambio, Montedison padecía un caos interno. El equipo de gestores de Schimberni se diluía poco a poco. Los hombres de Gardini sabían más de agroalimentación que de fármacos. Por eso, en cierto momento, el español se dirige al italiano en los siguientes términos:

—Raúl, tienes que encontrar a alguien que ponga orden aquí —aconseja Conde.

A lo que Gardini, en italiano estilo —diseño psicológico, se llama esa figura— respondió:

—Tienes razón Mario: ¿Por qué no decides tú mismo el nombre?

Conde —que estaba disfrutando como un loco de la conversación— sonríe, pero declina el sutil ofrecimiento. No será el primer —o segundo, según se mire— ejecutivo de una gran multinacional italiana. A Conde se le atribuye la siguiente frase: "Yo lo que quiero es ser presidente de la General Motors". O sea, uno de esos magnates desconocidos —por elevación— en el interior de su país, cuya patria es el mundo y que sólo aceptan aparecer en el International Herald Tribune. Por otra parte, un español en Milán, la capital financiera de la Europa meridional, necesita cinco años para "instalarse", además de trastornar toda su vida familiar. Y la razón más importante de la negativa es que las miras de Conde ya estaban puestas en el Central, la gran operación de su vida.

No obstante, durante los 18 meses siguientes a esa conversación, Mario Conde, en cada una de sus batallas de la fusión y la desfusión, mantendrá a Gardini como el "as" en la manga, un "as" para Banesto —particularmente cuando surgiera la polémica de la autocartera— pero también para su propio futuro profesional.

Felipe González y Mario Conde: dos almas gemelas

Mario Conde es mucho más ingenuo de lo que sus operaciones relámpago puedan dar a entender. Su característica profesional más acusada es, sin duda alguna, la audacia, pero esta cualidad no resulta incompatible con aquel defecto. Conde tiende a creerse sus propias novelas. En este sentido, guarda un fuerte parecido con el presidente del Gobierno, Felipe González. Ambos se sienten protagonistas de proyectos históricos cuya fuerza motriz es la modernización, y aquí puede añadirse, del tejido empresarial, del país, o de lo que se quiera. En el fondo es lo mismo. Ninguno de los dos se pregunta por el significado último de esa modernización. Simplemente modernizan, y al conjuro de ese concepto actúan. Una crítica ácida —posiblemente injusta— llevaría a definirles como dos mentirosos que se creen sus propias mentiras. Y es injusta porque ambos consideran realmente que la magnitud de sus proyectos no está reñida con el realismo y es ajena a las ambiciones personales. Y ambos, consecuentemente, no soportan que se dude de su sinceridad. Es el "no me comprenden" de González, y el "me acosan" de Conde. Y ninguno de los dos es capaz de percibir las contradicciones en las que incurren a lo largo del tiempo.

Tanto el presidente del Gobierno como el de Banesto tienen una concepción global del poder. Para Felipe González, el Estado, o sea, el Gobierno, debe llenarlo todo. Para Mario Conde el poder económico es, ante todo, poder. Se decante o no por la participación política o se adentre más en los medios de comunicación, su argumento sigue siendo el mismo: no hace falta ser ministro para influir políticamente. Manejando convenientemente los hilos, esta tarea también puede hacerse desde un Consejo de Administración. Como resultado, ambos personajes, que mantienen un cordial odio mutuo, son generalistas puros (en la particular terminología de Helhmut Kohl, cansado de que le acusaran de no ser especialista en nada). Ambos saltan por encima de la letra pequeña para manejar las conclusiones finales. Y ambos tienen la costumbre de rodearse de copiosos equipos de técnicos —especialistas en— que analizan cada cuestión y resumen las alternativas sobre las que su jefe decidirá. Es el estilo Reagan, que exigía a sus colaboradores informes no superiores en extensión a un folio (lo que dio lugar a jocosísimos chistes sobre la capacidad intelectual del que fuera el hombre más poderoso del mundo). La verdad es que en treinta líneas se pueden decir muchas cosas.

En resumen, la única diferencia entre ambos mandatarios es la que aporta la experiencia. González es menos grandilocuente que Conde, y Conde es mejor encajador que González. Es cuestión de tiempo que el parecido se acentúe. Por de pronto, Conde ya ha aprendido que hablar en exceso es malo. Ahora está pasando el sarampión de la locuacidad, proceso que consiste en inocularse contra la fama fácil. En no mucho tiempo alcanzará el punto de equilibrio: intervenir públicamente poco y bien, a fin de que la sociedad paladee el mensaje lanzado, en la convicción de que no se le volverá a oír en algún tiempo. ¿Les suena?

Gary Cooper falló esta vez

Mario Conde rompe la fusión en febrero al considerar que lo puede perder todo. En marzo, expondría el siguiente análisis:

—La fusión Banesto-Central era la mejor de todas, porque los defectos de cada banco, considerados en solitario, se convertían en virtudes. Ambos tenían que renovarse, casi desde cero, informáticamente, así que no tenían los problemas del Bilbao y el Vizcaya, cuyos equipos eran bastante más avanzados y estaban creados para una sola entidad. (En este sentido, Conde parece ser otro esclavo del mito de los bancos rentables: el Vizcaya era de los más rentables, pero su equipo informático, al menos sus terminales cara al público, era sencillamente desastroso). Ambos incurrían en muchas menos duplicidades. Son bancos antiguos, con muchos productos y servicios financieros aún neonatos, con los que se podrían lograr sinergias reales. Ambos son bancos muy rurales, lo que va a representar el negocio del futuro, pues las ciudades están sobresaturadas de oficinas y es ahí donde acudirán los bancos extranjeros. Tanto Banesto como Central necesitaban reciclar sus plantillas, formando a los jóvenes y estableciendo los mecanismos necesarios para lograr que el que quiera se vaya a su casa. Ambos tenían una base patrimonial baja, por lo que la fusión significaba una repentina mejora del coeficiente de recursos propios. Y encima, ambos poseían grupos industriales de los que podrían salir fusiones fáciles de lograr y a muy bajo coste, o, al menos, una centralización de la gestión.

Ciertamente, no se podían resumir mejor los hechos. Pero el factor humano —fineza ya codificada para aludir a las ambiciones personales de las partes en juego— iba a estropearlo todo. Escámez se quedó con su Central, Conde con su Banesto y los Albertos con sus posibilidades de mojar pan. Ahora bien, Conde había perdido. A partir de ese momento no será el líder, sino uno de los grandes de la banca española. La primacía pasaba a Pedro Toledo. La lectura de la desfusión hay que hacerla así: el Gobierno había ganado el pulso a Mario Conde. Pueden hacerse todas las precisiones que se quieran, pero los hechos son tercos. Y un epílogo: con la ruptura, Conde se había echado en manos del Banco de España. Ahora sí, sin plusvalías de fusión en la mano, Mariano Rubio tenía argumentos de peso para arrinconar a su enemigo, que ya empezaba a parecerle atávico. Frente al sector y la opinión pública sucedía tres cuartos de lo mismo: un hombre que se embarca con 39 años en el proyecto empresarial más importante de España en lo que va de siglo decide volver a puerto a los 40. Ciertamente, se había encontrado solo ante el peligro, pero en la misma situación estuvo Gary Cooper y, al final, no escapó en el carromato y se batió el cobre con el malvado Frank Miller. Ese no era el triunfador que esperaban las masas. Ni tampoco los banqueros, que son los seres más masificados que existen.

¿Interpretó de esta forma Mario Conde su rotura de peras con Escámez? Ni mucho menos. Tardó un mes en metabolizar el fracaso y —eso es lo malo— convertirlo en éxito: "El gran proyecto de mi vida es ahora Banesto". Y si algún día abandona —hipótesis poco probable— y se va a Montedison, los fármacos volverán a ser el gran proyecto vital tantos años acariciado. Marcial, tú eres el más grande.

Frank Miller-Rubio, nuevo "sheriff" del pueblo

Cuando se anuncia que Juan Abelló abandona Banesto y deja su paquete del 3,2 % a disposición del Consejo se rodará en España la segunda parte de la película, un tanto más lacrimógena pero igualmente dramática. En esta ocasión, el malo se llama autocartera. Si la Junta Sindical de la Bolsa de Madrid, presidida por Enrique de Benito, había usado la ley para cercenar la OPA del Bilbao sobre Banesto —lo que convertiría al síndico en otra pieza de caza de Carlos Solchaga— esta vez será su sucesor, Ramos Gascón, el instrumento utilizado, aunque en dirección opuesta.

Desde el Banco de España se lanza la especie de que el acuerdo de Conde con Abelló, combinado con la salida de los Albertos, podría abocar la cotización de Banesto hacia el desastre. La damisela necesitada de protección era —cómo no— el pequeño accionista. Ella no tenía ni la menor idea del peligro que le acechaba, pero eso no importa. Un caballero asumirá el deber de proteger a una dama rubia y con ojos azules aun contra su voluntad. Sufrían los celosos guardianes de la ortodoxia financiera ante las increíbles felonías que el malvado Gary Cooper preparaba contra la incauta. Mientras tanto, algunos operadores del mercado se relamían de gusto pensando lo barato que podrían comprar banestos si se producía un derrumbamiento de la cotización no por la autocartera, sino por la alarma difundida desde la autoridad, pues tal era el peligro real. Aquella noche —jueves 23 de febrero, ¿qué maléfico sortilegio tendrá ese día?—, por las emisoras de radio pasaron todo tipo de analistas, alguno de los cuales aún dudaba que la ruptura fuera una realidad. Sin haberse hecho oficial la noticia —por el intento desesperado de Escámez de retrasar la decisión, exigiendo que se cumplieran todos los requisitos legales— el país volvió a emocionarse de nuevo con el Falcon Crest de las altas finanzas. Por país hay que entender la opinión pública y el Banco de España. El Gobierno seguía con la boca cerrada.

Esa noche trascendental, dos ministros, Manuel Chaves y Joaquín Almunia, acompañaban a Enrique Sarasola, uno de los apoyos más firmes de Cartera Central, en la velada donde su pupilo, "Poli" el Potro de Vallecas, practicaba el muy financiero deporte del boxeo. Sarasola criticaría aquella noche, ásperamente, la decisión del recién aterrizado Luis Solana de no televisar el combate. Ninguno de sus dos acompañantes, miembros del Gabinete, se atreverían a tanto. Los ministros no querían mojarse. Era, pues, Mariano Rubio, apoyado por Ramos Gascón, quien lanzaba el reto de la autocartera. A partir de ahí, prácticamente todas las noticias recogidas por los medios de comunicación sobre Banesto, a lo largo de los próximos meses, tendrían un tinte negativo. Banesto pasaría a ser un banco en libertad vigilada. Ni tan siquiera los buenos resultados cosechados en el primer trimestre del 89, con un crecimiento de los resultados típicos muy superiores a los del resto de sus colegas, conseguirían enmendar la imagen creada por Frank Miller-Rubio el 23-F.

La cotización se suspendió, pero el caos era tan grande que Banesto sí cotizó en la Bolsa de Bilbao. A lo largo de la mañana del viernes 24, la Junta Sindical vasca pidió que se deshicieran todas las operaciones cruzadas en la bolsa bilbaína sobre Banesto. ¿Y qué pasó al final? Pues nada, sencillamente nada. La cotización de Banesto no sufrió especiales oscilaciones, mientras Conde ideaba su plan de colocar títulos entre trabajadores —mediante créditos blandos concedidos por la propia entidad—, clientes y accionistas, y buscaba con rapidez caballeros blancos con los que rehacer el consejo de Administración. A Frank Miller-Rubio le había salido el tiro por la culata: si para la opinión pública española Conde era el perdedor, para los empleados de Banesto aquello era la gota que colmaba el vaso de la acritud oficial hacia la entidad.

La Banestitis

Una de las características clave del Banco Español de Crédito, para la que no se encuentra parangón en ninguna otra entidad española, es el fuerte sentimiento de colectivo que se respira. El Central puede ser más grande, pero Banesto ha sido siempre el banco por antonomasia. Si el Barça es más que un club, Banesto es más que un banco. Es una especie de hermandad. A pesar de la tradicional conducta antisindical de su dirección, el paternalismo de la misma, criado a lo largo de varias generaciones, ha forjado un espíritu de cuerpo inigualable. En ninguna otra casa la institución, como tal, representa tanto. Existen sucursales del Español de Crédito que han sido dirigidas por tres generaciones de una misma familia.

Pues bien, el intruso Mario Conde ha nacido de pie. Dos hechos le van a permitir constituirse —a pesar de haber modificado todos los órganos de gestión o poder— en el más banestiano de los últimos presidentes. De un lado, la OPA del Bilbao. Él dirigió la defensa frente a esos vascos que tenían la osadía de cercar la intocable fortaleza. En segundo lugar, Banesto se había convertido en víctima del poder. Para los enterados, el ataque venía de la "beautiful"; para el grueso de la plantilla de Banesto era, simplemente, el PSOE, que la tenía cogida con ellos. Ni por un momento Conde ha tratado de encauzar estos sentimientos. La unión ante el enemigo externo era buena y conveniente. Así que lo ha dejado correr. En este estado de cosas, cada nueva andanada del Banco de España era un agravio más que añadir a la lista. Aunque arrinconándole, Mariano Rubio le estaba haciendo un favor a Mario Conde. El joven presidente de Banesto ha pasado a ser para sus empleados más de Banesto que los propios Garnica. Según sea mayoría, López de Letona fue el hombre del Banco de España, los Argüelles deben salir y, sin embargo, los nuevos socialistas del Consejo introducidos por Conde son gente de la Casa. Los tópicos, en Banesto, dan para ese tipo de contradicciones y mucho más.

Fue un factor este que Alberto Cortina y Alberto Alcocer no supieron valorar en su justa medida. Cuando decidieron dejar tranquilo a Escámez y presionar a Conde no repararon en que Banesto y Central eran dos negocios parecidos, pero poblados por seres bien distintos. Lograrían que tres consejeros orillados por el presidente de Banesto les apoyaran, e incluso que un Moisés Cossío, más despistado que un pulpo en un garaje, adoptara la misma actitud temporalmente, pero el equipo directivo y la plantilla se revolvió contra aquel elemento extraño que se había introducido en el organismo. Y no por fidelidad a Conde, sino por fidelidad a Banesto.

La banestitis ha servido, entre otras cosas, para que en catorce años de democracia no se haya conseguido tener en Banesto unos sindicatos fuertes que planten cara a la dirección. La secretaria general de Banca de Comisiones Obreras, María Jesús Paredes, ha tenido ocasión de vivir este fenómeno recientemente. Cuando Rubio lanzó la campaña de la autocartera, Paredes intentó evitar que los trabajadores aceptaran los créditos blandos

—en mejores condiciones financieras que los del Central, aunque atan a los compradores prácticamente por cinco años—, pero se tuvo que morder la lengua: los propios comisionistas de Banesto habían solicitado los famosos créditos. Aquello era el acabóse.

Juan y Arturo, Arturo y Juan

Tras la primera remodelación del Consejo realizada por Mario Conde en enero del 88, la entidad vivió una serie de fichajes en batería. "Hasta 25 nuevos altos cargos hemos contratado", afirmaba un directivo, lo cual está muy bien cuantitativamente. Pero lo cierto es que el nuevo Banesto de Mario Conde, nacido tras la OPA del Bilbao —y ha vuelto a ser el mismo tras la ruptura— se apoya en tan sólo dos patas, llamadas Juan Belloso y Arturo Romaní.

A Belloso se le conoce en el círculo de iniciados como "Gaddafi". Y aquí no hay ninguna anécdota oculta. Puede ser bueno o malo parecerse al estrafalario dictador libio, pero el principal ejecutivo de Banesto se le semeja bastante físicamente. Por lo demás, Belloso es lo más opuesto a su semejante. De hablar pausado, y poco amigo de las exageraciones —uno se pregunta cómo se entiende con Conde en este punto—, Belloso es el director del entramado financiero, al igual que Romaní lo es del industrial. Conde había copiado de Toledo la figura del consejero ejecutivo. Es decir, que en un sector donde era obligado presumir de una separación total entre propiedad y gestión, a los ejecutivos se les convertía en consejeros. La diferencia es que el Bilbao Vizcaya tiene cinco consejeros directores generales y dos consejeros delegados, mientras que Banesto se conforma con dos consejos delegados, mientras que Banesto se conforma con dos consejeros directores generales. Mira que han pasado cosas en Banesto a lo largo de año y medio. Pues bien, todas las decisiones se han hecho girar sobre estas dos personas. Durante la fusión porque se seguía la consigna del todos quietos. Los ascensos se paralizaron a la espera de negociar con el vecino. Tras la ruptura, porque Banesto ha vivido con sentido de urgencia, intentando lidiar los toros que, un día sí y otro también, llegaban desde distintos páramos, particularmente desde el Banco de España.

Hay una dificultad añadida, propia de todas aquellas entidades con fuertes participaciones industriales, donde por lo general existe un grupo de directivos dedicados al banco y otro a las participadas. El problema consiste en el cruce de responsabilidades entre el encargado de controlar valores y el de la propia gestión industrial. Por ejemplo, en el presente caso, Romaní gestiona las empresas, pero Belloso se responsabiliza de la gestión de los títulos que Banesto posee en esas empresas. El asunto no es baladí. Belloso es también el hombre que negocia con la autoridad. Una de sus frases favoritas es aquella de "tú no sabes lo que es negociar con el Banco de España".

Solucionado el problema de los Albertos, Conde vuelve los ojos hacia quienes les apoyaron, o simplemente coincidieron con las tesis de Construcciones en la sesión del 24 de enero. El presidente de Banesto es un especialista en vender neveras a los esquimales. Ha aprendido a utilizar el prestigio de Banesto —el prestigio del nombre de Banesto— para convencer a esos empresarios que no aparecen en los periódicos y que tanto gustan a Alfonso Escámez. En particular, siente una especial inclinación por los adinerados maños. De Zaragoza se trae a Jesús González y Arturo Beltrán. También llega la cementera Asland. A Javier de la Rosa no le convence, pero si a Jacques Hachuel, por aquello de hacer bueno el "lobby" judío, en el que muchos introducen a Mario Conde.

Hachuel es una de las nuevas figuras de las finanzas españolas que merecen especial atención. Fue el compañero de fatigas de Marc Rich, un judío que en su niñez tuvo que huir de su Bélgica natal ante la invasión nazi. España fue el país donde se crió y donde hizo su fortuna. Marc Rich reside hoy en Zug (Suiza), pasa por ser uno de los hombres más ricos del mundo, y entre los grandes de los grandes sólo él tiene nacionalidad española. Es otra dimensión.

Ambos hicieron fortuna en los años sesenta, cuando en España muy poca gente entendía el negocio del crudo. Comprando y vendiendo petróleo hicieron fortuna en el más absoluto silencio. Luego vino la separación entre el revolucionario Hachuel y el capitalista Rich. Este llegaría mucho más alto que aquél, hasta el punto mismo de toparse con las autoridades fiscales norteamericanas. Hace ahora tres años ambos volvieron a España, pero sorprendentemente el Gobierno negó a Rich carta de ciudadanía económica, y Rich es un hombre que no está dispuesto a operar frente a una Administración pública recelosa. Hachuel, por contra, no ha tenido ese tipo de problemas. La compra de los almacenes Celso García fue su primera inversión fuerte. Luego, cómo no, le llegaría el turno a los inmuebles y acaba de encontrar en Conde un perfecto compañero de viaje, necesitado de quien le compre acciones. Con esto a Conde le basta. Era el comienzo de un proceso que pretende lograr un Consejo dócil y definitivo en Banesto. Para ello sólo faltaba una cosa: expulsar a tres disidentes, llamados Jacobo Argüelles, Pablo Garnica Gutiérrez —hijo del anterior presidente de Banesto— y Juan Herrera, el hombre de Petromed.

En resumen, Conde había aprendido la necesidad de la paz interna para poder gestionar su banco. En año y medio de presidencia se había vuelto menos ambicioso, pero la historia aún no había acabado. Curiosamente, Frank Miller iba a defender al menos defendible de los rebeldes: Jacobo Argüelles. El país, mientras tanto, estaba en ebullición. La alternativa política al PSOE empezaba a fraguarse y el nombre de Mario Conde iba a ser utilizado en la refriega.

CAPÍTULO XIII

Los alternativos

La respuesta está en Zufiaur

"Esto sólo se arregla cambiando al presidente del Gobierno". Se admiten apuestas sobre el autor de la frase. ¿Quizá se debe a Manuel Fraga? No. ¿El mismo José María Cuevas? Pues no. ¿Y el propio Adolfo Suárez? Tampoco. ¿Y si fuera Julio Anguita? Quizá era el califa de Córdoba, que aún conserva su vena revolucionaria. Pero no. Podría pensarse incluso en algún destacado miembro de ese puñado de independientes amantes de las emociones fuertes, y seguiríamos fallando. La frase, reiteradamente afirmada en privado, lleva los derechos de autor de José María Zufiaur, miembro de la Ejecutiva del sindicato socialista, el "listo" de la UGT.

En la Administración socialista Zufiaur no causa miedo, sino pánico. En la política moderna se valora mucho más la inteligencia que la bondad. Nicolás Redondo es la figura señera del sindicalismo español, el honrado descorbatado que nunca ha querido ser rico. Pero no es un economista instruido. Su ascendente entre el aparato socialista es más sentimental que racional. No provoca adhesiones entre los altos cargos, sólo simpatía, y en ocasiones disimulada. Antón Saracíbar es "tan flexible como un junco", en frase de Carlos Solchaga. Posiblemente el sucesor de Redondo, pero nada más. Apolinar Rodríguez es ese chico bajito y perseverante cuyos conceptos son tan, tan filosóficamente elevados, que nadie sabe lo que quiere decir. Pero Zufiaur... A Zufiaur se le entiende todo. No se amilana ante los cuadros macroeconómicos ni necesita chuletas para comparecer en público. Y por si fuera poco, es uno de esos personajes dotados de valentía intelectual para defender sus posiciones sin complejo alguno y ante quien sea.

Cuando el sindicato hermano —que ahora ha pasado a ser primo— del PSOE sólo se atrevía a advertir sobre las distorsiones existentes entre la teoría socialista y la práctica gubernamental, la necesidad de vender unidad en cada confrontación electoral forzaba a los ugetistas a servir de apoyo al Gobierno González. Ahora es diferente, pues los hombres fuertes del sindicato consideran "enemigos" a sus correligionarios ministros. Hasta hace tres años, las declaraciones de los sindicalistas sólo podían entenderse como concesiones realizadas a regañadientes. UGT actuaba como simple amplificador de voz del Gobierno. Pues bien, esto era así de cierto salvo cuando se trataba de Redondo o Zufiaur, los dos únicos personajes con vida propia de la UGT desde siempre. Hoy, una vez más, Zufiaur se ha adelantado a todos los demás: que miren ustedes, que no se trata de que el Gobierno modifique su política económica, que lo que hay que modificar es el Gobierno.

La materia gris de la UGT sabe perfectamente que el ejercicio del poder solidifica opiniones y convierte la práctica en teoría, de tal manera que ninguna entrada de ministros "sociales" —el ejemplo más típico sería el de Manuel Chaves— va a suponer cambios significativos en la política económica. El cargo de ministro devora la condición de sindicalista. La conclusión última —y tremenda— es que un gobierno que lleva siete años en el poder no es que no quiera, es que no sabe hacer otra política que la que lleva ejercitando desde hace más de un lustro. Si el hombre es un animal de costumbres los gobiernos son instituciones esclavas de sus hábitos. Ergo —concluye Zufiaur— cambiemos el Gobierno, que es tanto como decir cambiemos al presidente, que representa el 95 % del Gobierno.

Cómo hacerse de derechas sin que se note

Naturalmente, el proceso descrito no refleja un acto volitivo. La influencia extranjera, las exigencias de una más intensa relación con nuestros vecinos y el propio rumbo de la economía en los países más avanzados de Occidente —aquellos que nos sirven de ejemplo— han determinado la doctrina económica aplicada por el PSOE. Una vez que esa política se ha convertido en determinante, los pocos socialistas que se han mantenido incólumes en los presupuestos previos al triunfo de 1982 han sido expulsados de los círculos de decisión. Dos son los ejemplos que conviene meditar como jalones de este camino del PSOE hacia los postulados del liberalismo o de la derecha económica, y ninguno de los dos figurarán en los anuarios de la era socialista.

El primero es el cese del secretario de Estado de Hacienda, José Víctor Sevilla, una de las destituciones más vergonzantes de Felipe González. Cuando en noviembre del 82 Miguel Boyer Salvador es nombrado superministro de economía se le asignan tres secretarios de Estado que él no ha escogido: Miguel Ángel Fernández Ordóñez —hermano del actual ministro de Exteriores—, para la secretaría de Estado de Economía; José Víctor Sevilla, para la de Hacienda, y Luis Velasco en Comercio. Ni que decir tiene que el cargo más relevante —aún lo sería más con Borrell— era el de Hacienda, columna vertebral de la política económica de un país. A fin de cuentas, un Gobierno es un ente que capta impuestos para repartirlos entre la ciudadanía.

Pronto se empieza a ver que Víctor Sevilla —uno de los mejores divulgadores económicos de España, una especie de Galbraith indígena— no se entiende con Boyer. La gota que colma el vaso es la Ley de Activos Financieros, donde se da carta de naturaleza al dinero negro, que pasa a ser monopolio del Estado. En un gesto de coherencia política que le honra, Víctor Sevilla presenta la dimisión. Desde sus posturas de izquierda no puede aceptar tamaña aberración. Por tanto, presenta a Boyer su renuncia al cargo. Boyer acepta la dimisión y promete llevar su solicitud al próximo Consejo de Ministros.

Hasta aquí unos hechos archiconocidos. Lo que ha pasado inadvertido es la sesión de ese Consejo, una de las más tormentosas y representativas de todo el período socialista. Boyer no llevó la dimisión. Lo que llevó fue el cese, mondo y lirondo, de su secretario de Estado de Hacienda. En la mesa del Consejo se produce una cierta conmoción. El ministro de Transportes, Enrique Barón, sale en defensa del ausente:

—Este hombre ha prestado grandes servicios al partido cuando estábamos en la oposición. Considero que se le deberá proporcionar una salida más honrosa que el cese.

Boyer, con el dedo índice señalando la mesa, con el rostro desencajado y silabeando la palabra, ante la mirada atónita de sus compañeros de Gabinete, recalca:

—¡Cese!, ¡cese!.

Felipe González se inclinó por la postura de Boyer. La salida de José Víctor Sevilla se presentó ante la opinión pública como una destitución, en lugar de una dimisión. Se arrojaba así sobre el susodicho un baldón de desprestigio. Uno de los personajes más imaginativos del partido gobernante iba a desaparecer de la escena política española como por ensalmo. Víctor Sevilla se refugió en la Confederación Española de Cajas de Ahorros, ya que por su salida ruidosa del Ministerio le estaba vedada la vuelta al Banco de España, el reducto ideológico de Boyer. Al final, cansado de hacer números, se marchó a la Organización de Estados Americanos. Felipe González —entre cuyas virtudes no se encuentra la gratitud— ni se dignó llamarle. Fue Alfonso Guerra quien lo hizo y ofreció a Víctor Sevilla una embajada, oferta que éste declinó. Ningún oráculo de la economía española salió en defensa de Sevilla. Ni el Club Siglo XXI, ni las tribunas de los grandes diarios, ni las asociaciones profesionales que crean opinión, se acordarían en adelante de él y de sus teorías. En privado, el futuro secretario de Estado de Economía, Guillermo de la Dehesa —amigo del Ministro— reconocería: ''Yo no sé por qué los periodistas os metéis tanto con Boyer. Siempre se ha portado como un caballero. Bueno, salvo cuando le hizo aquello a Pepe Sevilla''.

Con su cese caía la barrera más importante para que el equipo de pragmáticos del PSOE se hiciera con el control de la política económica. No es casualidad que, poco tiempo después, en la primera crisis de gobierno, salieran los ministros ''rojos''... Ministros como Enrique Barón, Julián Campo o Fernando Morán abandonarían sus cargos. Unos hacia Bruselas —la escupidera dorada de la política española—, otros hacia la empresa privada o hacia el aparato del Partido. En el período 85-86 el poder central expulsaría de su seno a todo aquel que propusiera una alternativa. La administración territorial se iba a convertir en el asilo de las esencias socialistas. A partir de ese proceso, los representantes de las políticas más avanzadas en el seno del PSOE van a ser los ayuntamientos, las diputaciones provinciales y las comunidades autónomas. La salida de Boyer supone una excepción. Boyer deja de ser ministro, pero su escuela ya había sembrado impronta en la Presidencia. En el PSOE había dos corrientes definidas, y sin falta de recurrir a Izquierda Socialista. Al revés que ocurría en la derecha, esas dos corrientes —cuya frontera eran las distintas concepciones económicas— lavarán los trapos sucios en casa..., hasta el momento justo en que Nicolás Redondo dijo basta. En la Administración Central, van a entrar o ascender otros neoliberales como Croissier o Aranzadi y una serie de personajes acomodaticios como Cosculluela, o Abel Caballero.

La confianza de Felipe González en la modernidad —para él representada en el binomio Boyer-Solchaga— quedó de manifiesto con la crisis de julio del 85. Boyer exige un equipo económico a su gusto y Felipe lo hace. Destituye a Julián Campo, que se despide de su equipo en el Ministerio de Obras Públicas y Urbanismo. Pero horas después, Boyer, al exigir una vicepresidencia es vetado por Alfonso Guerra, que se planta y amenaza con marcharse. Felipe tiene que prescindir de su ministro económico y lo sustituye por Solchaga. Vuelve entonces a llamar a Campo para que no abandone el cargo, pero éste le responde que, por propia dignidad, debe marcharse. En ese momento, recibe una sutil promesa de volver al Gobierno, promesa incumplida mientras no se demuestre lo contrario. Solchaga seguirá echando mano de las baterías ideológicas del Servicio de Estudios del Banco de España, aunque mandará más en la actividad de esta institución que Boyer. A partir de ahí ya no habría marcha atrás.

Y lo que son las casualidades, esas que rara vez existen. Justo en ese período nace en España la nueva clase de ricos capitalistas —no empresarios— que por pereza expositiva hemos englobado bajo la denominación de "broker", y cuyo sentido último es la utilización de la empresa como un instrumento del capital, o, si se quiere, de la producción como un instrumento al servicio de las finanzas. Tradicionalmente había sido al revés, pero esta es una manera más fácil de ganar dinero rápido. Usando la caricatura, podríamos resumir el fenómeno de los nuevos ricos diciendo que, a partir de entonces, para ganar dinero en España no había que saber fabricar ordenadores o construir puentes, sino dominar los mercados de capitales, especializándose en apalancamientos, mercados de futuros o gestión de patrimonios. Un fabricante de tornillos, por muy buen gestor que sea, se ha convertido en España en un pobre ignorante desconocedor de las novedades del mercado. O sea, un retrógrado. Incluso en el mismo seno de la banca empezaba a cundir el fenómeno. Los directores del área comercial —que dedican su tiempo a los créditos hipotecarios y al descuento comercial— pasaron a ser gestores de segunda categoría, frente a las rutilantes estrellas de la ingeniería financiera. Y eso en entidades —la mayoría— en los que la banca comercial aporta el 80 % del negocio total. Es igual, son gente sin categoría. A esa nueva clase social pertenece el club de selectos que ha sido protagonista de la reconversión bancaria: Los Albertos, Mario Conde, Juan Abelló, etc.

El presidente de la Banca Nazionale del Lavoro, Nerio Nesi, lo explicaba recientemente así: ''Estoy cada vez más convencido de que las finanzas de papel tienen poco sentido. Yo, personalmente, desconfío de estos magos de las finanzas que, siendo aparentemente útiles, en la realidad son completamente inútiles, e incluso dañinos, cuando hacen creer que la economía se hace con estos juegos. Lo que realmente cuenta en un país es su capacidad de producir, de vender. Lo que cuenta es el comercio internacional. Esta es la economía real, entendiendo como tal la agricultura, la industria, el aprovechamiento de los recursos naturales, el comercio. Las finanzas deben estar al servicio de todo esto, y no constituir el quinto poder. Las finanzas deben tener presente que tienen que estar al servicio de la construcción industrial''. Sus amigos Alfonso Guerra y Felipe González parecen no haberse dado por enterados.

La alternativa de Pepe Sevilla

Víctor Sevilla se negó a automutilarse. Para ello escribió un libro titulado ''Economía política de la crisis española'', donde se negaban los axiomas que, esparcidos desde el Gobierno, han sido asimilados por la gran mayoría de los españolitos —inermes ante la ausencia de voces discrepantes dotadas de altavoz—. Con esa obra Víctor Sevilla firmó su testamento político, pero se quedó muy a gusto. Para hacer boca, el ex-secretario de Estado ponía el dedo en el ojo de la propaganda socialista: ''Afirmar que la política económica del Gobierno es la única posible no deja de ser una licencia del lenguaje. Aún aceptando que hubiese conformidad respecto de los objetivos existen, al menos, tres niveles de opción que permiten dibujar distintas políticas. En primer lugar, el orden de prioridad entre los distintos objetivos. En segundo lugar, las técnicas de instrumentación. Finalmente, los patrones de distribución de resultados''.

La segunda andanada venía al considerar la política económica socialista como conservadora, por su empecinamiento en reducir los salarios, lo que provoca el mantenimiento de ''la vieja estructura productiva y de poder que es, precisamente la que por su inadecuación entró en crisis, y esto se hace, cuanto menos, a costa del nivel de vida de la mayor parte de la población. Una reducción salarial no hace a los empresarios más eficaces, sólo los hace más ricos. Por el contrario, el eje de una política económica progresista consiste en impulsar una amplia renovación de la clase empresarial de forma que resulte posible aumentar la flexibilidad y capacidad de adaptación de nuestro aparato productivo''.

El discurso de Víctor Sevilla ha tenido tres ejes. Por una parte, la renovación de la clase empresarial, que en España significa ante todo la ampliación de la misma. Las ayudas a la inversión y la promoción de pequeños empresarios —lo poco que se ha hecho en este terreno en España— ha corrido a cargo de los entes autonómicos, cuyo presupuesto no permite milagros. De la Administración central —imbuida de que la promoción empresarial es gran pecado de intervencionismo— no han surgido iniciativas. Tampoco de la banca, porque la teoría del Banco de España es que todo lo que sea mezclar finanzas e industria supone el caos. Si escribir en España es llorar, crear una empresa es morir.

Su segunda teoría es la de la descentralización hacendística. Aunque la política fiscal parezca un arcano indescifrable lo cierto es que en su raíz resulta bastante simple. Hay dos grandes modelos: el centralizador y el descentralizador. En un esquema como el vigente en España es el Gobierno central quien recauda los impuestos y reparte el dinero entre las distintas administraciones territoriales. Hay dos comunidades, representantes del modelo descentralizador, que constituyen la excepción: Euskadi y Navarra, cuyos conciertos autonómicos les convierten en recaudadores de impuestos en sus ámbitos de actuación, impuestos de los que deberán ceder una parte para sufragar los gastos de la Administración Central. Los catalanes o los andaluces se ven obligados a pedir al Ministerio de Economía; su financiación depende de él. El Gobierno central, por su parte, se ve obligado a pactar con vascos y navarros su aportación al conjunto del Estado (y, miren por donde, son las dos comunidades autónomas que más ayudas conceden para la creación de nuevas empresas, particularmente los vascos). Pues bien, Víctor Sevilla es partidario del esquema descentralizado, y el personaje que más hincapié ha hecho en que la autonomía o es económica o no es.

Por último, Sevilla ataja el problema del sector público. Con una fórmula importada de los norteamericanos, reclama la equiparación, a efectos de gestión laboral, entre los funcionarios y los asalariados de la empresa privada, por el sistema de ceder esa gestión a una agencia especializada que administre los recursos destinados por el Estado para cubrir los gastos del funcionariado. Algo similar al esquema con el que hoy sueña el ministro de Administraciones Públicas, Joaquín Almunia.

Víctor Sevilla no es el único en plantear una alternativa a la política económica del Gobierno. Pero, como el resto, ha sido expulsado del círculo de poder. El otro caso es el ya mencionado de Julio Rodríguez, presidente del Banco Hipotecario, que tuvo la osadía de afirmar que la contención de salarios no es la única forma de luchar contra la inflación. En los manuales de economía se hace referencia a un aumento de la oferta como instrumento equilibrador de una demanda desbocada —o ''economía recalentada'', según la horrenda metáfora de nuestros teóricos de moda—. Hasta ahí podríamos llegar. Julio, te la has cargado.

En definitiva, ¿supone todo lo anterior que los ministros Boyer y Solchaga hayan realizado una política económica desastrosa? No, ni mucho menos. Con sus instrumentos han logrado avances y retrocesos. Su gran fallo ha sido despreciar las posiciones que, desde su mismo partido, y desde fuerzas ajenas, se han planteado como alternativas en diferentes campos. Ha sido un desprecio indecible y soberbio. En España se ha caído en el dogmatismo económico, y en el determinismo del latiguillo ''lo que hacemos es lo único que se puede hacer''. Y esa convicción es la que ha yugulado el entendimiento con los sindicatos. La cultura económica española está bajo mínimos debido a su carácter monolítico. Además, si la economía es una ciencia exacta, si todo es un complejo muestrario de fórmulas inapelables e insustituibles, si no cabe lo que se quiere hacer sino lo que se puede hacer: ¿Para qué demonios sirve la solidaridad? Y por eso los sindicatos fueron a la huelga.

Fraga I ''el deseado'' (más o menos)

Tras la II Guerra Mundial la psicología pierde su condición de afición esotérica para convertirse en disciplina científica. Fue una tremenda suerte para los economistas, que de esta manera pasaron a ocupar el segundo lugar en el panel de la pedantería según profesiones. Los economistas han ido copando las distintas áreas de la política, por amor de una sociedad para la que casi todo es relativo menos el bienestar que se disfruta. El éxito económico supone el político. Se votan alternativas económicas y no se admite un presidente o un primer ministro incapaz de disertar sobre el crecimiento durante menos de treinta minutos (como diría Marcelino Camacho ''yo también me enrollo con el PIB''). Felipe González aprendió enseguida la receta y depositó su confianza en una serie de maestros. Cuando se instaló en La Moncloa, los visitantes-amigos le oían contar chistes y hablar de literatura. Hoy le oyen disfrutar disertando con su último conocimiento de la ciencia económica. Adolfo Suárez, por contra, amaba la política químicamente pura, y dejó a sus equipos económicos total libertad en la materia. Cuenta el que fuera vicepresidente para Asuntos Económicos de la UCD, Enrique Fuentes Quintana, que si un ministro exigía mayor presupuesto para su departamento —o sea, más gasto público— Suárez le respondía: "Pues anda, mira a ver si convences a Enrique".

De Manuel Fraga puede decirse algo similar a Suárez. Para él la economía es un acompañante —más bien molesto— de las grandes teorías del Estado. Con un par de conceptos cogidos al hilo funciona por la vereda política con gran parsimonia. Este ha sido uno de los grandes errores de la derecha española, cuyas filas dirigentes están mayoritariamente pobladas por abogados, no por economistas, al revés que ha venido ocurriendo con los cuadros socialistas.

Y no es que la mayoría de los economistas sintieran simpatía por aquel PSOE de la transición, que aún se distinguía por la pana y la neutralidad entre los dos bloques. Simplemente ocurrió que los socialistas sí se preocuparon de ir creando equipos de expertos, hasta constituir auténticos gabinetes económicos en la sombra para cuando llegara el momento de gobernar. Luego vendrían las purgas según los criterios ideológicos antes mencionados, pero para entonces ya habían cogido carrerilla. El que no se "reconvirtió", caso de un Mariano Rubio reclamante de la reforma agraria, quedó fuera. En cualquier caso el resultado es el mismo: los socialistas se preocupaban del hecho económico más que los demás. Con la era Boyer, además, se echó mano del equipo de economistas más compacto de cuantos existen en el país —el del Banco de España—. Las demás fuerzas políticas no emplearon el tiempo y el dinero necesario para crear sus propios "cabezas de huevo".

Es así como los hombres del dinero, los empresarios y banqueros —de suyo más proclives a la derecha política—, empiezan a preguntarse: ¿qué programa económico ofrece la derecha? Y, ya en plan cínico: ¿acaso existe algún otro tipo de programa? Una mirada a los equipos del Partido Popular o del Centro Democrático y Social les sumía en la más profunda desolación. Por si fuera poco, el socialismo gobernante podía despreciar olímpicamente a médicos, artistas, lingüistas o moralistas, pero nunca jamás a un buen gestor. Que los documentos de política económica más profundos de la derecha española fueran los de la Confederación Española de Organizaciones Empresariales (CEOE) ya era significativo. Con su visión pueblerina de la política económica, la CEOE ha convencido a algunos de que si al empresario le van las cosas bien a nadie le pueden ir mal. O sea, que si me rebaja las cuotas de la Seguridad Social nadaremos en la abundancia.

Y en estas volvió Fraga. El problema de este gallego todo terreno es su querencia al sillón. Vuelve, refunda su opción política y crea el Partido Popular. Las bromas fáciles de los voceros del Gobierno sobre el "Pepe" no pueden ocultar la trascendencia del hecho. El plan estaba bien trazado. Consistía en utilizar la figura de Fraga para lanzar —crear— el líder de la derecha española, que no levantara ampollas en un buen sector de la ciudadanía y al que Fraga —oficiando de maestro de ceremonias— traspasaría esos millones de votos que ha ido acumulando en su cartera desde hace doce años. Y ese líder debería salir de dos nombres: Marcelino Oreja o José María Aznar. El plan —explícitamente trazado de esta forma— era ciertamente interesante. La concertación social parecía condenada al fracaso y el propio Nicolás Redondo empezaba a creer que sería más fácil entenderse con la derecha que con sus compañeros del PSOE. Comisiones y UGT habían descubierto el divertido juego de los transportes: paralícese la RENFE, los autobuses o los aviones y con un reducido porcentaje de trabajadores paralizará usted una ciudad, una región o el país entero, cuantas veces sea necesario. (Uno de los titulares más demoledores que la memoria recuerda fue el publicado en la portada de un diario madrileño en abril del 89: "Treinta controladores colapsaron el tráfico aéreo en España").

Pues bien, pocos meses después del congreso refundatorio el plan amenaza declinar por la propia personalidad de Fraga. El presidente del Partido Popular hace las delicias de la prensa madrileña cuando comparece en rueda de prensa acompañado del presunto portavoz del partido, un tal Marcelino Oreja. Más de un malicioso de la canallesca se dedica a plantearle preguntas a Oreja para poder regodearse viendo cómo contesta Fraga. "No lo hace a propósito —comentaba José Antonio Segurado— es que es así". La definición es tan perfecta que nos lleva a la siguiente conclusión: lo único malo de Fraga es Fraga. Por de pronto, en la campaña para las elecciones europeas se han visto más carteles del gallego que del gran candidato Marcelino. A Fraga no es que se le mueran los delfines, es que se los come.

Sin que la economía constituya su móvil primero de actuación, lo cierto es que el Partido Popular, de la mano de José Antonio Segurado y Abel

Matutes —ese comisario europeo tan moderno que cualquier día lo ficha el PSOE—, está preparando su programa económico. Tampoco nada del otro mundo. Más bien un calco de la Thatcher: reducción, más que de impuestos de tipos impositivos, privatización de empresas públicas y un osado proyecto de equilibrio presupuestario. Aún hay que rellenar ese esqueleto pero, en cualquier caso, se pergeña la alternativa. Al menos, los populares están en ello. Los centristas, que se sepa, no.

Ahora bien, el gran problema es el divorcio entre la derecha política española y la derecha económica. La banca ha dejado de creer en Fraga y Suárez porque se encuentra a gusto con el PSOE. Y, aun admitiendo que lo de Felipe González y Pedro Toledo no llegue al matrimonio, hasta los banqueros y empresarios más derechistas siguen sin confiar en don Manuel y don Adolfo. ¿Ninguno? Y ahí surge la leyenda política del presidente de Banesto.

¿Conde, estás ahí?

Es un país pendiente de la alianza entre Suárez y Fraga, cada movimiento político de envergadura —y particularmente las mociones de censura— crea la especulación sobre Mario Conde como poder oculto que mueve los hilos de la operación. No es que el presidente de Banesto sea incapaz de entrar en el emocionante juego de la conspiración política. Es capaz de eso y mucho más. Pero parece un poco ridículo pensar en un Conde pendiente de lanzar su gran Corporación Industrial Banesto —imposible de lograr si el Gobierno no concede exenciones fiscales— metiéndose a mentor de una operación que pretende restar poder a ese Gobierno. Cuando Conde controle perfectamente el Consejo de Banesto podrá darse pábulo a la sospecha.

Políticamente, Conde es un hombre convencido de que la sociedad debe ir cobrando más protagonismo frente al Estado. No es mucho, pero menos da una piedra, y proporciona pistas sobre su adscripción ideológica. Sus amistades, también es cierto, las tiene en el Centro Democrático y Social y en el Partido Popular. El presidente de la CEOE, José María Cuevas, hombre con más visión política que económica, también forma parte de su círculo. Pero Conde no es, ni mucho menos, populista o centrista —en tal caso sería condista—. De lo que sí está convencido es de que los socialistas no reparten pegatinas con su retrato entre las amistades. Sus grandes ambiciones económicas se han topado con la oposición del Gobierno, e incluso su propio futuro estará siempre hipotecado con un gobierno socialista en el poder. Simplemente eso.

En su tarea deberá buscarse aliados, y posiblemente tendrá que hacerlo —curiosa paradoja— en el Central de Alfonso Escámez, otra de las bestias negras del PSOE. Que los dos hayan acudido tras la ruptura de la fusión al mismo canal de televisión privada —el del Grupo Zeta— ya es significativo. Ni Botín hijo va a jugar la baza de la derecha —él sólo juega la baza del Santander—, ni Valls soporta a Fraga, ni del Hispano de Boada y los March puede esperarse otra cosa que un apoyo inequívoco al Gobierno socialista. En definitiva, la derecha política seguirá apoyándose en una organización empresarial —la CEOE— y en dos entidades: Banesto y Central. Y el que crea que este reparto de alianzas no tiene nada que ver con la política bancaria del Ministerio de Economía y el Banco de España —con la que ha sido y la que será— podrá mirarse en el espejo y advertir: he aquí la inocencia.

CAPÍTULO XIV

Y si no, nos enfadamos

Al rico apretón de tuerca

Con un Solchaga renacido de sus cenizas sindicales, llega para Construcciones y Contratas y el Banco Central la trascendental jornada del 24 de mayo de 1989. Ese día, en Alcalá 49, sede social del Banco Central, se celebra sesión del Consejo de Administración, la penúltima antes de la Junta de Accionistas del 17 de junio. En el ánimo de todos los presentes, particularmente de Escámez, aún pesa el contenido de la sesión de abril, la de ni voto a favor, ni en contra, ni me abstengo, sino todo lo contrario. Es igual. Ésta va a superar todas las previsiones. Alberto Cortina, Alfonso Cortina —un personaje que si de él dependiera actuaría de otra forma, pero al que García Ambrosio se está encargando de neutralizar desde el aterrizaje de Alicia Koplowitz—, Alberto Alcocer, Álvaro Alepuz y Romualdo García Ambrosio llevan un guión dramático bien preparado. La campaña de Romualdo sobre cómo hacer amigos atraviesa su momento álgido.

El Consejo se inicia con cuestiones menores. El grupo de Construcciones comienza a hacer veladas alusiones a la marcha del banco, y Escámez —un personaje capaz de mostrarse mucho más acre de lo que su sonrisa de saludo hace sospechar— empieza a encontrarse incómodo. Escámez atraviesa un momento muy particular de su trayectoria profesional. Como todo banquero tradicional, el presidente del Central sentía un gran respeto por la autoridad, llámese Banco de España o Gobierno. Pero si Pablo Garnica Mansi perdió ese respeto en el transcurso de la OPA del Bilbao contra Banesto, a Escámez le ha ocurrido lo mismo desde la ruptura de la fusión. El presidente del Central está harto y le importa un comino lo que le pueda decir el mismísimo presidente del Gobierno. En banca, las bofetadas se pegan mirando para otro lado, pero Escámez está dispuesto a que sean sonoras y de frente.

La sesión va subiendo de tono, Ambrosio, Alepuz y Alcocer "se ponen pesadísimos" enseñando a un Consejo en el que figuran los tres máximos ejecutivos del banco —Epifanio Ridruejo, Luis Blázquez y Escámez Torres— cómo se deben vender en este mundo los créditos hipotecarios y cuáles son los negocios del futuro. Por otra parte, los presentes empiezan a sentirse molestos ante las constantes alusiones de Ambrosio a su condición de máximos accionistas. Hay un momento en que la tormenta estalla:

—Yo —repite Ambrosio por enésima vez— represento al mayor accionista de esta entidad, que posee un 12,5 % del capital de este banco...

En ese momento se produce una reacción unánime del resto de consejeros. Fue uno de esos casos en los que un grupo de personas, de forma no premeditada, expulsan el sapo que llevan dentro. El resto del consejo, como un resorte, responde:

—Y nosotros representamos el resto.

Pero hay alguien mucho más mordaz que interpela:

—¿Y cuántas acciones tiene usted, señor Ambrosio, a título personal?

La pregunta llevaba kilos de veneno, pues a pesar de estar destinada a Romualdo García todos sabían que, en idénticos términos podía haber sido dirigida a todos y cada uno de los cinco representantes de Cartera Central, a modo de dedo en la llaga. Eso, ¿cuántas acciones tienen ustedes? Nos acusan de ser meros testaferros y resulta que ustedes también lo son. Con el agravante de que algunos de los aquí presentes podrían perder la confianza de los verdaderos propietarios: Esther y Alicia Koplowitz.

La interpelación no encuentra respuesta, pero otro miembro del Consejo rompe las reglas de la cortesía, y dirigiéndose a Ambrosio le espeta:

—A usted no le corresponde nada.

Como no hay dos sin tres, y cuando ya parecía que la sesión había acumulado toda la tensión predecible, los Albertos sueltan la bomba. Romualdo anuncia que su compañero Álvaro Alepuz va a leer un documento sobre la situación del Banco Central. Temiéndose lo peor, un consejero se dirige al letrado para saber si es admisible tal atipicidad. De cualquier forma, el presidente da el visto bueno. Alepuz comienza a leer un auténtico pliego de acusaciones contra la sanidad del banco, remontándose hasta 1980 ("Si no fuera porque era un informe de lo más cutre —afirmaría después un alto ejecutivo del Central— hubiese creído que Aristóbulo de Juan seguía trabajando para ellos''). Cartera Central volvía a repetir su trayectoria en Banesto. En el Consejo de abril se habían negado a aprobar el balance, ya aprobado en enero; en el mes de mayo interponía un informe-acusación contra la gestión. Ocurre que en este caso no debían, efectivamente, contar con la ayuda de Aristóbulo de Juan, pues las preguntas dirigidas a Conde fueron mucho más incisivas y peligrosas que el pliego del Central.

De fondo flojo, la forma, sin embargo, era fortísima. Aquello ponía chupa de dómine al presidente, al equipo directivo, a la capacidad de generación de recursos de la propia entidad y al lucero del alba. Se remontaba hasta 1980, y su conclusión era que el Central era un banco anticuado. Escámez se irrita y da un paso al frente:

—Muy bien, señores —afirma el presidente—, ese documento será llevado a la Junta General del 17 de junio. Que los accionistas decidan.

Aquello no era lo previsto. Los Albertos jugaban con los nervios, con el miedo de Escámez al escándalo, y ahora veían como un Escámez hastiado proponía, él mismo, el enfrentamiento público. Antes les recordó dos cosas a los representantes de Cartera Central:

—Ustedes ya tienen en los órganos de control de esta entidad más representación de la que legalmente les corresponde. Además, los accionistas pueden entender que se expulse a unos consejeros que representan a un grupo que hace la competencia a este banco (el famoso conflicto de intereses, también legalmente tipificado).

—¿Era suficiente? Pues no, al guiso le faltaban especias. Alberto Alcocer —Alberto Cortina mantuvo un significativo silencio a lo largo de toda la sesión— acusó a los consejeros de ser unos meros apoyos silentes de Alfonso Escámez, de no participar en la vida del banco. Y, a renglón seguido, lanzó el dardo:

—El único que interviene algo es el señor Abril Martorell, quizá porque es el que más experiencia bancaria tiene...

La frase era asesina. Abril, el hombre que se entiende con Guerra, con el que se especula como sucesor de Escámez —mucho tendrán que cambiar las cosas para que esa previsión se confirme—, vicepresidente de la entidad y ex-político preñado de rumores sobre su fidelidad a Escámez, era alabado por el enemigo en pleno Consejo. Por si sirve de algo, Abril no dijo esta boca es mía.

Lo más curioso de todo es lo de la experiencia bancaria, prácticamente inexistente en el caso de Abril. Y ello en un Consejo donde se sientan dos hombres que a lo largo de veinte años han sido altos ejecutivos de la entidad, como son Antonio Escámez (padre) y Tomás Parejo. Si Alfonso Escámez no ha tenido nunca lo que se dice plena confianza en Abril, a partir de ahora las cosas se ponen más difíciles. Porque lo cierto es que la maniobra de Alcocer tuvo éxito. Los comentarios que ha generado en el equipo del Central así lo demuestran. Divide y vencerás.

Como guinda de la tarde, cuando ya se levantaba la reunión, Romualdo García Ambrosio afirmó: ''Y espero no encontrarme mis palabras en la prensa como ocurrió en la anterior sesión''. A lo que un Escámez ya embalado, respondió:

—Aquí somos todos mayorcitos y no necesitamos que usted nos diga lo que tenemos que hacer.

La tensión es mala consejera

A la postre, ¿cuál fue el resultado del episodio del 24 de mayo? Desde luego no muy bueno para Construcciones y Contratas. La estrategia de la tensión les ha dado resultados positivos, pero también un sambenito de grupo pendenciero, incapaz de vivir sin grescas y follones, que no se quitará de encima en mucho tiempo a pesar de su opacidad (o quizás, además de). Cuando conviene a sus propios intereses el malo es Conde y no dudan en poner en juego el prestigio de Banesto. Cuando se cierra esa página, el buen Escámez pasa a villano y tampoco se duda en colocar la imagen del Central en situación de precariedad. En esa línea de enfrentamiento continuo y sostenido, el único paso que ya se puede dar es el de explicitar ante la opinión pública en general, y ante los accionistas del Central en particular, que quieren suceder a Alfonso Escámez y tomar el control del Central. Por supuesto que este ha sido un objetivo desde el primer día, pero en banca, por exigencias del protocolo, el aspirante niega tajantemente tal posibilidad. Pues bien, esa careta ya no sirve, ahora hay que ir a por todas. Frente a él tendrán a un Alfonso Escámez que es un mito en la Casa y que domina su red de sucursales mejor que cualquier otro presidente. A Alfonso Escámez sólo se le quita la presidencia por pacto o con los pies por delante. Javier de la Rosa tenía razón: el fallo de los Albertos fue humillar a Escámez.

Lo peor del nuevo ''show'' para los Albertos fue la reacción de los consejeros del Central. Para la mayoría de ellos expulsar el cáncer del organismo se ha convertido en una cuestión personal. A estas alturas, García Ambrosio simplemente les produce dentera. Por ejemplo, un Pedro Ballvé, presidente de Campofrío, hombre joven que en privado ha podido criticar en el pasado algún aspecto de la gestión de Escámez, estaba ese día indignado. Lo mismo puede decirse del resto.

En un Consejo bancario existen dos tipos de miembros. Aquellos que tienen su trabajo fuera de él y aceptan el cargo porque les gusta, o por el prestigio que conlleva, y los que casi viven del banco. No conviene olvidar que algunos consejeros del Central lo son también de las participadas de la entidad, y se da el caso de quien copa los ocho Consejos que la ley establece como máximo en la órbita industrial del Banco Central. Todos ellos sabían que un triunfo de los Albertos podría colocarles en mala situación, pero ahora están convencidos de que, pura y simplemente, desaparecerían del mapa. O sea, que a morir matando.

Con todo, tras el Consejo la reacción más dura fue esta vez la del propio Escámez. En palabras más claras, el presidente del Central acariciaba ese día la idea de dar el golpe de mano más audaz que imaginarse pueda. Simplemente: utilizar la Junta del 17 de junio de ese año para pedir a los accionistas que aprobaran la destitución de los cinco rebeldes, o sea, la salida de Cartera Central del Consejo de Administración —y de la Comisión Permanente— por la puerta pequeña. Y, jurídicamente, la amenaza no es un farol. Escámez, apoyado por su red de sucursales, sabe que puede presentarse ante la Junta con la delegación de más del 51 % de los votos. Sólo quedaba una sesión del Consejo, precisamente la que se celebra en todas las entidades un día antes de convocar a los accionistas. Y este asunto no se arregla con pleitos jurídicos. En Cartera Central ya tuvieron ocasión de arrepentirse de ello durante el primer semestre del 88. En aquel entonces el abogado Hermosilla, contratado por los Albertos, no dejaba de enviar a Escámez requerimientos notariales, a los que éste respondía en tono irónico con otros requerimientos a cuál más absurdos. Si Escámez le ha perdido el respeto al PSOE, nunca se lo ha tenido a las puntualizaciones de los juristas.

Escámez estaba ya dispuesto a todo. Sus conversaciones con El Corte Inglés y con la propia Alicia Koplowitz, en las semanas posteriores a la irrupción de Marta Chávarri, hacían presagiar la paz ¿Qué había ocurrido? Pues que Alicia Koplowitz tendría en adelante otras cosas en las que pensar y dejaba hacer en el Central a García Ambrosio y Alberto Alcocer. Escámez, por su parte, tampoco ofrecía una solución digna a la cuantiosa inversión de Construcciones, y las negociaciones se emponzoñaron antes de iniciarse. Se había impuesto el criterio Ambrosio, partidario del enfrentamiento. De hecho, el único temor de Escámez, en su tentación de tirar por la calle de en medio, consiste en que las dos hermanas Koplowitz y sus abogados se vean obligados a proteger a los suyos y entren en el juego de manera activa.

Escámez, al mismo tiempo, y dado el tinte que empieza a tomar la situación, se está planteando renunciar a su manía antidelfinesca. Un presidente de 73 años que se empeña en no nombrar sucesor constituye en el momento presente la mayor preocupación en su equipo ejecutivo. Se ha dicho que a Escámez no hay quien le eche, pero como afirma el director general del Banco de España, Ángel Madroñero: "El problema de un presidente mayor en un banco que no aclara su sucesión es la angina de pecho". Cualquier enfermedad de Alfonso Escámez supondría la gran ocasión de Cartera Central, porque lo cierto es que aún no hay nadie en el Consejo capaz de aunar voluntades. Si él desaparece, también desaparecerá su régimen y su estilo.

El Central, por último, ha pasado a un segundo plano en la atención de la opinión pública. Si no existiera Banesto habría que inventarlo. Esto es tanto como decir que los cambios más profundos se están produciendo en Alcalá 49, no en Castellana 7. En el Central, con acuerdo o sin él, se ha llegado a una situación crítica, y de las situaciones críticas salen las nuevas ideas, los nuevos modos, las nuevas estrategias... y los nuevos dirigentes. El otro cambio profundo es el del propio grupo Construcciones y Contratas.

Alicia Koplowitz quiere ser generosa

Ha llegado el momento de abordar la parte más desagradable de un relato económico: aquella en la que los avatares personales se entremezclan con los financieros. Si esos sentimientos no influyeran en la marcha de las grandes corporaciones podría dejarse correr el asunto, pero desgraciadamente no es así desde que cundió la sospecha de que las empresas las dirigen personas, no espíritus puros, por más que algunas de ellas sientan inclinación a disimular dicha condición.

Tras las fotos de Viena —enero del 89— el ánimo de Alicia Koplowitz se encrespa. No era para menos. Luego viene una etapa de cierta tranquilidad, en la esperanza de que la tormenta amaine. Pero la tormenta no amainó. Alberto Cortina seguía en sus trece. Ese momento de espera es aprovechado por los dos Albertos para realizar una oscura operación alrededor de la sociedad instrumental Castellana 89. El plan, en pocas palabras, consistía en utilizar una ampliación de capital de 10.000 millones de Castellana 89, donde acoger una serie de participaciones accionariales del Grupo. Serían los propios Alberto Cortina y Alberto Alcocer quienes suscribieran dicha ampliación en su mayor parte, con créditos concedidos por el Banco Bilbao Vizcaya y el Hispano. El resto de la financiación corría a cargo del mercado. Con ello, los dos primos pasarían de gestores de todo el imperio a propietarios de una parte del mismo.

Alicia Koplowitz contrata entonces al despacho de abogados de Ana de Palacio y Manuel Delgado. Aclaremos algo, asimismo significativo para la comprensión de los hechos. La amiga íntima de Ana de Palacio no es Alicia, sino Esther Koplowitz. Ella es quien aconseja a su hermana la elección. Es un síntoma, porque a lo largo de la historia, entre ambas hermanas no va a caber un alfiler. Pues bien, Manuel Delgado, que se convierte además en consejero de Construcciones, hará rectificar el proceso. Al final, las dos hermanas afloran como máximas mandatarias de Castellana 89.

Muchos consideran justa la postura de Alberto Cortina y Alberto Alcocer ¿Acaso no fueron ellos los que con su esfuerzo habían multiplicado varias veces el patrimonio propiedad de sus esposas, que ni tan siquiera se preocupaban de conocer los entresijos de la empresa? Si ellos han hecho crecer con su trabajo el dinero inicial deben tener participación en la propiedad. Cuando Alberto Cortina exponía esta tesis al abogado Manuel Delgado recibió la siguiente respuesta:

—Yo ya había oído eso de la tierra para el que la trabaja, pero esta es la primera vez que oigo "la acción para el que la gestiona". Me temo que eso no cuadra muy bien con el sistema capitalista.

La cronología que sigue sólo es comprensible a partir de la consideración de que Esther y Alicia Koplowitz son propietarias del 98 % de la empresa Construcciones y Contratas S.A., y el 2 % restante queda en manos de empleados de la casa. En primer término, sus abogados les aconsejan que se reforme el consejo de Construcciones y Contratas S.A., formado hasta ese momento por los dos Albertos (prácticamente no existía Consejo). La remodelación queda así: Alberto Alcocer, presidente; Alicia Koplowitz, vicepresidenta; más los consejeros Esther Koplowitz, Romualdo García Ambrosio —en calidad de encargado de las empresas participadas—, Justiniano de Miguel —ejecutivo de la casa desde los tiempos de Ernesto Koplowitz—, Rafael Montes —director general y primer ejecutivo de la empresa— y el abogado Manuel Delgado. Los sentimientos juegan fuerte en la vida de las empresas, y Construcciones representaba el tronco familiar del que luego surgirían tantas ramas (en la alta sociedad madrileña se conocía a las dos hermanas como doña Construcciones y doña Contratas). Alberto Cortina desaparece por propia iniciativa.

El primer hecho relevante es la convicción de Alicia de que el asunto Chávarri no va a concluir y de que hay que ir a la separación. El matrimonio Cortina-Koplowitz se regía por el sistema de la separación de bienes. Alicia sigue repitiendo que prefiere llegar al mutuo acuerdo, sin necesidad de que sea un juez el que decida. De entrada, el abogado de Cortina, Hernández Gil —hijo del presidente del Consejo General del Poder Judicial—, afirma que las capitulaciones matrimoniales no están claras. Delgado y Palacio no admiten tal cosa, pero se empeñan en llegar al mutuo acuerdo.

Su primera oferta es en dinero fresco. Señor Cortina: valoramos su trabajo al frente de este Grupo y usted abandona. Desde luego, la cifra no alcanzaría, ni de lejos, los publicitados 40.000 millones de pesetas. Pero Alberto Cortina no está dispuesto a aceptar esa solución. El deseo de mutuo acuerdo sigue obligando a Alicia a retrasar la salida del conflicto. Luego viene una segunda oferta, nacida de la sensación que poseen las hermanas Koplowitz de que aquello es, ante todo, una constructora: se le puede pagar a Cortina su "indemnización" en acciones del Banco Central. Como Cartera Central vale mucho más de lo que Cortina puede esperar, sindicaremos las acciones. Esto es algo parecido a decirle: lidie usted el toro del Central y aléjese del negocio típico de esta casa. También el Zaragozano podría ser una solución, y su valor se ajusta mejor a lo que está dispuesto a otorgar Alicia Koplowitz a su marido.

En resumen, el motivo de actuación de Alicia Koplowitz, convencida de que ya no hay arreglo posible, es la salida de Cortina. Para ello cuenta con el apoyo de su hermana, aunque no de su cuñado Alcocer. El presidente de Construcciones sigue manteniendo con su primo y concuñado la misma relación de antes, y se debate entre dos fidelidades de difícil conjunción, máxime cuando él también está convencido de que lo logrado por el dúo a lo largo de los años debe ser mejor recompensado de lo que lo que la ley otorga.

Construcciones y Contratas S.A., cabeza del nuevo "holding"

La idea es que una vez logrado el acuerdo con Cortina el grupo Construcciones y Contratas cambie de estructura. Estamos hablando de Portland Valderrivas, Fomento de Obras y Construcciones, Banco Zaragozano, una importante participación en Cofir —la financiera española de Carlo de Benedetti—, otra participación en el canal de televisión privada que cuenta con más posibilidades —el de Jesús Polanco— y, claro está, la joya de la corona —que podría convertirse en baratija—: el 12,5 % del Banco Central. Hasta la entrada de Koplowitz, el grupo era un entramado inexplicable de acciones cruzadas, donde sociedades instrumentales servían de parapeto ante la curiosidad ajena. Así, se ha venido mareando el nombre de Construcciones y Contratas, que ora se transformaba en CONYCON (Construcciones y Contratas), ora en GRUCYCSA (Grupo Construcciones y Contratas S.A.). Los responsables nunca sintieron la necesidad de aclarar el organigrama accionarial, con lo que la confusión sobre el Grupo fue en aumento.

Ahora bien, en todas las sociedades filiales la matriz Construcciones y Contratas tiene una participación mayoritaria de control. Casi siempre superior al 51 %. Se trata de que esta tela de araña se clarifique, colocando a la empresa Construcciones y Contratas a la cabeza del entramado, y fortificar el control de las dos hermanas sobre el conjunto. Algo significó ya —cuando Alicia Koplowitz aún barajaba el nombre de García Ambrosio como posible saliente— el hecho de que se le introdujera en el Consejo de Construcciones, pero para "empresas participadas". Considerando entre ellas al Central, ciertamente su proyección pública no decreció. García Ambrosio es un hombre cercano a Alcocer, pero ante todo juega a favor de la propiedad, y nadie puede negarle que defiende con fiereza esa propiedad. Por su parte, Manuel Delgado y Ana de Palacio se han convertido en algo más que abogados. En cualquier caso, aún se hecha en falta un nuevo equipo para una nueva situación, no en la primera línea de negocio, sino en la superestructura del mismo.

El patético caso de Miguel Boyer

Los pocos apoyos con los que Miguel Boyer contaba en el Gobierno tras su entrada en Cartera Central desaparecieron con las fotos de Viena. Nadie quería mojarse por quien había hecho la apuesta profesional de su vida y había perdido, viéndose, además, envuelto en un escándalo. De esperanza blanca para presidir el Banco Español Central de Crédito a hombre cruzado de brazos en un despacho —con sueldo de lujo, eso sí— media un largo trecho recorrido en muy pocos meses. Alicia Koplowitz no le considera necesario. Llegó para una situación —la fusión Banesto y Central— que ya no existe. Luego vino el jaleo de la ONCE, y finalmente KIO decide irse. Ya no era un acorazado en una piscina, es que la piscina ni tenía agua.

Boyer sigue siendo el presidente de Cartera Central, la sociedad tenedora de acciones del Banco Central... ¡del que Boyer no es consejero! La voz cantante la lleva Romualdo García Ambrosio. Hasta para el profano, su caso tiene difícil comprensión. El Banzo Zaragozano —que podría resultar un refugio honroso— está copado por otro peso pesado como es Álvarez Rendueles, con Alepuz —el amigo de Ambrosio— en segundo término.

Puede resultar duro decirlo, pero, o mucho cambian las cosas, o la situación de Boyer es la de lujo cesante. Es una de esas figuras a las que las empresas mantienen su retribución pero vacían de contenido, hasta que, al final, por dignidad, el propio protagonista acaba por pedir la baja.

Mientras, Alicia Koplowitz se prepara para hacer cursos acelerados de formación empresarial. Cuando, tras asignarse el puesto de vicepresidenta en Construcciones, empezó a acudir a su despacho de Torre Picasso, a razón de dos o tres horas diarias, comprendió que, al menos, necesitaba entender los informes de aquellos ejecutivos con los que despacha. Muy a su pesar, se había convertido en la mujer financiera más poderosa del país. Y todo indica que no podrá eludir esa responsabilidad en una larga temporada.

CAPÍTULO XV

La televisión pronto llegará

Para lo que nos ha servido el ABC...

El escenario es la Junta General de Accionistas del Banco Español de Crédito. Aquellas juntas de los bombones y las alabanzas, cuando ya Pablo Garnica Mansi dominaba la entidad, pero todavía su presidente era el único, el inefable, el irrepetible, José María Aguirre.

En el país del melodrama nadie renuncia a la puesta en escena. Así que un accionista tras otro van pasando por la tribuna intentando superar la loa del anterior, con más ditirambos, a mayor gloria de los miembros de un Consejo de Administración que no dejaban de mirar el reloj. De pronto, un accionista toma la palabra y tras lanzar la apología de rigor establece un "perro":

—Eso sí, presidente, con lo bien que sale el Bilbao en la prensa, con lo bien que sale el Vizcaya. Sin embargo, todas las noticias sobre Banesto hablan de líos y de problemas...

El asunto queda en el aire hasta que Aguirre Gonzalo responde a las preguntas que le han hecho los propietarios:

—Y respecto a ese accionista que dice que salimos mal en prensa... Mire, ya tuvimos el ABC y fíjese para lo que nos sirvió. O sea, que mejor dejarlo —afirma Aguirre con aquella sinceridad que le hizo querido hasta por sus enemigos.

Sólo un hombre de su prestigio podía permitirse el lujo de hablar con tanto descaro de las relaciones entre banca y prensa. No es que el Banesto "tuviera" el periódico de los Luca de Tena, en el sentido de que fuera propiedad del banco. La alusión era el hecho de que, hay un momento —año

83, 84 y 85—, que entre Banesto y Central, los dos banqueros de la editora del ABC, suman un riesgo con el decano de la prensa española de 3.000 millones de pesetas. Aguirre se quejaba de que era el Central de Escámez —el otro pagano— el que mejor "salía" en ABC. Se trataba de la concepción habitual que la banca tiene de la prensa, pero sólo Aguirre se atrevía a decirlo en voz alta: si yo he dado créditos a un medio de comunicación, créditos que posiblemente nunca cobraré, lo más lógico es que me traten bien, qué caramba. Hoy, con un ABC en números negros y en su mejor momento, ambas entidades pueden presumir de que, sin ellos, el diario se habría cerrado.

La historia de las relaciones entre banca y prensa es la historia del chantaje mutuo con guante de seda. Para ello, hasta se ha creado un metalenguaje por ambas partes, a fin de eludir la grosería que supone solicitar o admitir un trato de favor. Una de las tesis doctorales más interesantes que se pueden hacer en España consistiría en descifrar los mecanismos, casi inconscientes, por los que circula esa relación entre banqueros y periodistas. En primer lugar, en el interior de los medios de comunicación, la autocensura del redactor. A casi nadie se le dice cuando entra en un periódico o revista, parcial o totalmente económico, lo que debe decir y lo que debe callar. Él mismo percibirá las entidades bancarias con las que su empresa mantiene una "relación fluida" y aquellas otras con las que sobran los reparos. Por su parte, los banqueros, de subdirector general hacia arriba, saben perfectamente con qué medios deben mostrarse solícitos y con cuáles los desplantes tienen menos consecuencias. Desde hace años han descubierto también que el cuarto poder es el editor, no el periodista, aunque se deben guardar las formas con los asalariados que pueden meterle un gol a su director sin que éste se entere, al menos de cuando en cuando.

De todo lo anterior no debe deducirse que las relaciones entre finanzas y medios forman un paisaje tétrico y nauseabundo. Más bien son unas reglas del juego en las que los poseedores del dinero ayudan al salvamento o reflotamiento de empresas débiles por naturaleza, como son las periodísticas, y a cambio reciben un trato, si no bueno, sí diferente. Si no se contemplan estos matices, difícilmente se podrá interpretar correctamente el contenido económico de los medios, tanto en la prensa especializada como en la de información general, que en los últimos años ha venido prestando una especial atención a la banca. Con las fusiones bancarias se dio un cambio —a peor— en esas relaciones. Una fusión es algo demasiado importante como para permitir el mantenimiento de formas elegantes. Volvió la sal gorda de la prehistoria de la comunicación económica.

En definitiva, con las fusiones, la banca olvidó sus pudores y su elegancia, con la televisión privada, la prensa también se quitó la careta. Ambos hechos representaban para uno y otro sector saltos cualitativos de tal envergadura que los viejos, casi dulces esquemas de relación, saltaron hechos pedazos. Por si esto fuera poco, aparecieron nuevas fuerzas en el horizonte. Estructuras de pocas personas tenían tanta fuerza económica, y por tanto de influencia en los medios, como las grandes instituciones financieras. Un Javier de la Rosa supone hoy en la prensa mucho más que cualquiera de los grandes bancos, posiblemente con la excepción del Bilbao-Vizcaya. De los Albertos puede decirse algo similar. Sin estas referencias la explicación de las actividades de los nuevos ricos, y de la propia fusión del Bilbao y el Vizcaya y la desfusión del Banesto y el Central, queda incompleta.

Todo empezó en Bilbao

Corría el año 76 cuando en el Banco de Bilbao se toma una decisión histórica. La entidad estaba preocupada por un periodista, Rafael Ossa Echaburu, que desde la entonces poderosa Gaceta del Norte no dejaba títere con cabeza en la Casa. Asiaín propone que el Banco de Bilbao se abra al público, con la creación de un gabinete de comunicación destinado únicamente a las relaciones con la prensa —la radio y la televisión por aquel entonces no contaban— y dotado de todos los medios humanos y financieros necesarios. En el Bilbao siempre se ha sentido una especial reverencia hacia el mundo de la Administración Pública. Entonces, Antonio López era delegado en Bilbao del Ministerio de Información y Turismo. Antes había ostentado el mismo cargo en Castilla, y le tocó vivir el histórico Proceso de Burgos. Se le ficha con todos los poderes, y nace en la gran banca española el primer gabinete de prensa digno de ese nombre. En la práctica, el cambio consistió en que el jefe de prensa —algo revolucionario en aquel momento— despacharía directa y diariamente con el presidente del banco. Esa prerrogativa será a partir de entonces la que distinga a los meros redactores de notas de prensa de los asesores de comunicación, que también se convertirán, en plena evolución hacia la democracia, en asesores políticos. Y una cosa más: Antonio López será al mismo tiempo el portavoz del banco. La teoría del embudo —todo ha de pasar por el gabinete de prensa, los ejecutivos no deben tener relaciones directas con los periodistas para evitar filtraciones— marcaría el futuro. Y empieza la historia. A lo largo de diez años, estos jefes de prensa convertirán a sus presidentes en personajes públicos con peso propio, desde el anonimato en el que antes se desarrollaban sus actividades. Ellos permanecerán en la sombra, y sólo los iniciados conocerán la enorme influencia que han tenido en la última década.

El presidente del Banco Popular, Luis Valls —un hombre que nunca ha sentido especial reverencia por los derechos de autor—, saca de una sucursal al vástago de una familia ilustre: Fernando Soto y López-Doriga y le convierte en jefe de prensa. Más que portavoz, Soto será el engarce entre la prensa y los ejecutivos del Popular —y a la postre esta entidad se convertirá en la más transparente de todas—. Soto es uno de esos personajes que prefiere pasar por tonto si con ello consigue los objetivos que se propone. De tonto, desde luego, no tiene un pelo. Con él nacen los dos esquemas: el del portavoz —Bilbao— y el de facilitador de la tarea a los periodistas —Popular—.

Enseguida se suma el Vizcaya. Tras una serie de fracasos entran en danza un economista —Luis Abril— y un periodista —Santos Ibáñez—. Ambos van a constituir uno de los equipos más audaces de la banca en materia de comunicación. Ibáñez, uno de esos personajes a los que les das un hueso y te hacen un dinosaurio, se bate el cobre con los periodistas en defensa de aquel banco pequeño que quería ser grande. Abril sigue la técnica de convertir a Pedro Toledo en el banquero más eficaz, mientras López pretende hacer de Asiaín el "viejo profesor", un hombre culto para el que la banca es casi un ejercicio filosófico. Qué quieren que les diga: ambas técnicas han obtenido un éxito rotundo.

El Banco de Bilbao juega, además, la baza de la modernidad. A partir de entonces si Asiaín abre una botella el sacacorchos se convertirá en tecnología punta. Ninguno de los periodistas presentes olvidará la reunión restringida que el presidente del Bilbao celebra en el recién inaugurado rascacielos que sirve de sede central en Madrid al banco vasco. En un momento dado, un bedel interrumpe la sesión y anuncia con voz lúgubre pero audible para todos los presentes:

—Presidente: lamento comunicarle que tenemos problemas con el generador central.

En ese momento se produce un apagón en todo el edificio. Asiaín, se dirige a sus contertulios y anuncia:

—Tranquilos, no pasa nada. En seis segundos entrará en funcionamiento el generador de emergencia:... dos, tres, cuatro, cinco, seis... —y, ¡hop!, la luz vuelve a inundar el recinto con un público rendido ante la inigualable tecnología de la Casa.

Las peleas de la pareja Luis Abril-Santos Ibáñez con el Bilbao de Antonio López se van a convertir en la materia más fértil de comidilla bancaria. Así nació el dicho periodístico: "Si quieres saber algo del Bilbao pregunta en el Vizcaya, y si quieres saber algo del Vizcaya pregunta en el Bilbao". El asunto empezaba a adquirir tintes de novela negra. Ibáñez se especializó en localizar a los periodistas amigos de cada presidente de banco, aquellos que en cuanto acababa la rueda de prensa del entonces consejero-delegado del Vizcaya, Pedro Toledo, se marchaban al hotel para dar el parte a la competencia. Con ayuda de la telefonista, el Vizcaya llegó a controlar la adscripción bancaria de un buen puñado de periodistas especializados en economía. Como la eficacia es parte consustancial al banquero, Ibáñez grababa aquellas reveladoras conversaciones en casetes.

Antonio López, por su parte, no perdía ripio. En cierta ocasión, a través del sensacional columnista, ya fallecido, Pedro Rodríguez, convirtió a Pedro Toledo en la "gran esperanza blanca de la derecha" frente a Felipe González. Toledo, aspirante entonces al trono del Vizcaya, se encontró transfigurado en candidato a la Presidencia del Gobierno. Cada poco tiempo, el consejero delegado del Bilbao, Emilio Ybarra, enviaba a su homólogo del Vizcaya una lista de agravios repleta de noticias aparecidas en la prensa e inducidas por Santos y Abril, y Pedro Toledo le devolvía otro memorándum anti-Vizcaya, cuyo mentor era Antonio López. No siempre los medios utilizados como vehículos eran los de gran difusión. El mundo bancario era muy endogámico, y en ocasiones un medio especializado de difusión restringida tiene más impacto para estos fines que la prensa nacional. Antonio López, por ejemplo, se especializó en el lanzamiento de mensajes vía confidenciales, o taco de folios que se reparten por suscripción entre instituciones dispuestas a pagar un material tan caro. Si el enfado de la alta dirección había llegado demasiado lejos, Toledo e Ybarra aconsejaban a sus pupilos que se tranquilizaran. Éstos aguantaban más bien poco tiempo y enseguida volvían a la carga. Mientras, los presidentes, Asiaín y Ángel Galíndez, hacían lo mismo que Felipe González cuando le venían a hablar de los GAL: no querían darse por enterados. Y, claro, como eran dos culturas empresariales similares, el Banco de Bilbao y el Banco de Vizcaya acabaron fusionándose.

Central, Banesto, Hispano y Santander entran en el juego. Estos dos últimos lo harán de forma más suavizada, en los períodos de Emilio Botín padre —que siempre creyó que el mejor cuidador de su imagen era él mismo— y de Alejandro Albert. El Urquijo estaría en crisis, pero contaba con un Gregorio Marañón —más tarde consejero de El País— que no estaba dispuesto a quedarse atrás. Banesto encarga esa función a Miguel Valle, un personaje que nunca comprendió el mundo de la prensa a pesar de tomar parte activa en él. El Central decide que sea su alto ejecutivo Luis Blázquez quien tome las riendas. Para Blázquez, un periodista y un bono del Estado sólo se diferencian en que el periodista es un gasto, mientras el bono es una inversión. Luego abandonaría la tarea, pero el estilo de banco seguirá teniendo su reflejo en el hecho de que el cargo de jefe de prensa lleva aparejado, aun hoy, el de presidente de Sopec, la agencia de publicidad que gestiona las campañas de todo el grupo Banco Central. Sin estos hombres —gracias a ellos o a pesar de ellos—, las empresas periodísticas que hoy existen en España serían otras o serían de otra forma —no se sabe si mejores o peores, pero en cualquier caso distintas—.

Las reuniones de la AEB

Como no podía ser de otra forma, pronto nació una especie de asociación de jefes de prensa de la gran banca, un club que se reunía en la sede de la patronal bancaria AEB. Resultaría difícil evaluar si estas reuniones eran más o menos importantes que las de presidentes, pero por lo menos tenían más trascendencia que las de consejeros delegados. Eran almuerzos —en España todas las grandes decisiones se toman comiendo— que presidía el mismísimo Rafael Termes y que coordinó un hombre honrado —jefe de prensa de la AEB hasta su fallecimiento— llamado Augusto Burdeos. Por el grupo March no dudó en acudir Alfredo Lafita —su primer ejecutivo bancario—, aunque abandonaría poco tiempo después. Los demás estaban todos, incluyendo a Julio García Castillo en representación del Exterior.

Ya en el transcurso de la primera convocatoria Fernando Soto —Banco

Popular—, sin levantar la vista del consomé, daría en la diana: "Pues yo creo que estas reuniones serían innecesarias si cada vez que nos llama un periodista sólo habláramos de nuestros bancos y no del vecino". "Muy bien, Fernando —comentaron todos, cogidos en flagrante fuera de juego— creo que tienes toda la razón. Hombre, quizá lo has planteado un tanto bruscamente, pero lo cierto es que..."

En otra ocasión, Luis Blázquez diría a todos los comensales: "El problema de estas comidas es que cada uno de nosotros ha quedado citado no muy lejos de aquí con un periodista para contarle todo en cuanto hayamos acabado". Y, efectivamente, así era. Las filtraciones acabaron con aquel precioso conciliábulo de donde surgieron empresas periodísticas, noticias, rumores y pugnas que acabarían por ser como El Escorial: patrimonio de todos los españoles. Luis Blázquez y Antonio López practicaban el degüello mutuo sin concesiones a la galería. Hachazo va, hachazo viene. El extraterrestre Miguel Valle intentaba colocar un discurso sobre Max Weber, mientras los presentes se preguntaban qué pintaba aquel bendito en un club de sierpes. Antonio López, constituido en el soplo vital del sector bancario, aprovechó una ausencia de Termes para exhalar: "Señores, Termes no nos sirve". Más tarde se superó a sí mismo, con la más gloriosa intervención de todas. El asesor de Asiaín, con el índice levantado, entra en trance y proclama:

—¿Quién es nuestro enemigo? —para responderse a renglón seguido—: el periodista. Unámonos contra él.

Lo que López estaba proponiendo era la utilización conjunta del arma publicitaria. En su defensa hay que decir que no ha sido el único ni el último en intentar ese paso. Su error fue confesarlo justamente allí. Cinco minutos después de la despedida medio Madrid conocía la historia, y el otro medio no interesaba que la conociera. La clase periodística se juramentó contra López, que no había hecho sino expresar en voz alta lo que todos sus colegas pensaban. Las reuniones de jefes de prensa murieron por desconfianza mutua, justo en el momento en que iba desapareciendo la odiosa costumbre de dar un sobre relleno de billetes. Los periodistas "sobrecogedores" empezaban a ser cosa del pasado. La nueva clase de jefes de prensa había descubierto formas más sutiles de influir en la canallesca. Descubrieron, ante todo, que a los plumíferos se les compra con información. El sector empezaba a ennoblecerse. Y lo que es más importante: el periodista económico empezaba a entender lo que escribía. El panorama se volvía ciertamente peligroso para los banqueros.

Los canales de actuación de la banca en la prensa

Una cosa es el periodista y otra el editor. Por lo general, la gran banca influye en la prensa por dos vías: la publicidad y los créditos —que no participaciones— más o menos blandos.

Respecto a la publicidad, hay que decir que más del 50 % de lo que las grandes entidades financieras se gastan en propaganda no se coloca con criterios de mercado. En banca, la publicidad no es un bien escaso, sino un sistema de mantener a raya a la prensa. Hasta su propio contenido revela esa situación. Son anuncios en su mayor parte genéricos, en ocasiones fruto de una concesión apriorística de los bancos a los medios. Por esa razón, en algunos medios de comunicación, en temporadas bajas de publicidad, aparecen más bancos que ningún otro tipo de empresa. Los bancos acuden a publicaciones marginales a las que, dado su escasa o nula penetración, no acudiría ningún sector en su sano juicio. Cuando algún ejecutivo de la entidad pone peros, los jefes de prensa presentan un informe sobre las veces que el banco ha aparecido en los medios gracias a su influencia: "El nombre de nuestro banco ha sido citado en el primer trimestre del presente año... veces, lo que traducido a precios publicitarios podría valorarse en una inversión de..." Y todos tan contentos.

La publicidad se combina con la utilización de las notas de prensa. En ocasiones, dichas notas no son más que cortinas de humo para desviar la atención sobre hechos realmente noticiables. Inmediatamente antes de que se entrara en el período fusionista —octubre del 87— ningún periodista económico se hubiese asombrado si hubiese recibido una nota anunciando que el presidente "equis" se había cambiado de corbata.

La segunda modalidad de penetración son los créditos, principalmente concedidos a los accionistas, no a las empresas. En este sentido, Bilbao, Vizcaya y Popular se han convertido en los grandes mecenas de la prensa económica. Puede decirse que casi ningún medio especializado ha nacido sin apoyos bancarios. Particularmente, Antonio López es acreedor al título de gran mecenas de la prensa española. Los medios de información general tampoco se quedaron atrás. Además de Prensa Española, el Grupo Zeta y el Grupo 16 también han acudido a la banca en solicitud de ayuda financiera, que no siempre ha resultado fallida. Periodistas que han querido convertirse en editores han visto cómo la banca les proporcionaba un dinero que luego devolverían de forma más o menos ortodoxa, según los casos.

La banca se empieza a interesar por la radio con la llegada a España de la frecuencia modulada. El paradigma fue Radio-80, que representa como nadie la urdimbre de relaciones banca-medios, contactos que llegarían a su cenit con la televisión privada. Los cinco mayores bancos del país son los que crean la cadena de emisoras Radio-80: Banesto, Central, Hispano, Bilbao y Vizcaya. La experiencia es un fracaso rotundo. Cuando Antena-3 —la gran beneficiada— absorbe Radio-80 los cinco grandes pagarán, a razón de 250 millones de pesetas por cabeza, todas las deudas del entramado con un contrato de publicidad a ocho años vista. O sea, un regalo encubierto. Y como diría Miguel Valle: ''Encima querían más''.

A todo ello hay que añadir una consideración importante. El apoyo financiero de la banca a la prensa no se ha otorgado en España con criterios ideológicos. Generalmente, se habla de bancos de derechas y bancos de izquierdas con singular falta de rigor. Medios conservadores han sido apoyados por bancos a los que se considera cercanos al PSOE, y bancos tildados de reaccionarios han salvado o potenciado empresas periodísticas que nada tenían que ver con la ideología de sus presidentes. Hay que aclarar por tanto, que la banca buscaba influir en los medios como tales medios, simplemente por su poder difusor, no para penetrar ideológicamente en la sociedad. Los créditos a los partidos políticos serían harina de otro costal.

Ahora bien, el esquema de créditos se rompe con la llegada de la televisión privada. La banca, en esta materia, será accionista o no entrará en el juego.

¿Hacia el desastre compartido?

La ley de televisión privada es una de las más intervencionistas del Gobierno socialista. Si a algo ha tenido miedo el PSOE desde su ascenso al poder ha sido a la pérdida del control televisivo, y eso hasta extremos pueriles, pero sin duda eficaces. La táctica del PSOE puede resumirse de esta forma: si no podemos impedir que haya televisiones privadas al menos intentemos que resulten económicamente precarias. Una empresa periodística que no obtiene beneficios pierde automáticamente su independencia. La norma que regularía los futuros canales no podía poner más peros a su desarrollo, pero esa no es la cuestión. Lo importante es que la televisión es un negocio —como todos los periodísticos, pero elevado aquí a la enésima potencia—, que exige fortísimas inversiones de capital y lento proceso de rentabilización de las mismas. Y esto suponiendo que la iniciativa cuaje —el éxito, como a los militares el valor, se les presupone—.

Pues bien, el único banco que desde el principio, y sin desfallecer, ha querido participar en la televisión ha sido el Bilbao. Nadie ha hecho tanto por la televisión privada como Antonio López, que ha trazado todas las alianzas empresariales posibles, cediendo siempre el protagonismo a empresarios vinculados al grupo Banco de Bilbao. Tras la fusión, el Vizcaya, que había eludido el asunto, y tras una llamada de Jesús Polanco a Pedro Toledo, se vio obligado a seguir a su cónyuge. Los estudios de viabilidad encargados por Antonio López han sido actualizados de forma permanente a lo largo de más de cuatro años de espera. Hoy, esos estudios constituyen los únicos documentos válidos para afrontar el reto. En síntesis, poner en marcha un canal de televisión privada en España, de cobertura nacional, sale por los 30.000 millones de pesetas, sumando capital y pérdidas previstas durante los tres primeros años. Repito: 30.000 millones de pesetas. Un semanario puede montarse con 250 millones, un periódico con 1.000, pero un canal de televisión precisa 30.000 millones. El poder, a veces, resulta muy caro. Además, los analistas del Bilbao han dictaminado que en España hay mercado para un canal y medio, no para tres, y desde luego ninguno va a desbancar a la televisión pública. Por tanto, el que no dé la campanada se queda en el camino.

Con las alianzas para obtener un canal de televisión privada, el divorcio entre la derecha económica y la política se ha hecho más patente. Porque, ¿cuál es el canal de la derecha? Podría considerarse el de Javier Godó, editor de La Vanguardia, pero cualquier líder del Partido Popular se negaría a aceptar ese planteamiento. La derecha, una vez más, se ha dejado comer el terreno. Su única venganza, que tendrá que ser futura, consistirá en llegar al poder y privatizar la televisión pública.

Pues bien, a nuestros efectos, la banca ha optado por dos canales. La "beautiful" con el editor de El País, Jesús Polanco, y con los filosocialistas franceses de Canal Plus; Banesto y Central con el grupo Zeta de Antonio Asensio. Se delinean así los dos equipos de banqueros enfrentados, y para cuya distinción posiblemente habría que establecer barreras ideológicas —de contenido económico sobre todo—. De un lado, con Polanco ha ido el Banco Bilbao Vizcaya, el grupo March —siempre pegado a PRISA—, los Albertos, los Botín —sólo parcialmente— y la Caja de Ahorros de Madrid, dominada ya por el PSOE. Con ese soporte, la opción podrá resistir todo tipo de desastres, porque los accionistas están en condiciones de permitírselo. Ya tenemos el 1 —salvo decisión política en contra—. Nos falta el medio, que también podrá encontrar su lugar al sol. El grupo Zeta ha conseguido la aquiescencia de Conde y Escámez, con participaciones pequeñas (8 % cada uno frente al 15 % que BBV y los March aportan en la opción de Prisa). Pero es que quedan otros monstruos, como el representado por La Vanguardia-Antena-3 y el trío Jacques Hachuel, Germán Sánchez Rupérez y la ONCE (Miguel Durán se apunta a todas). Tres fortunas sin ninguna experiencia en medios de comunicación —salvo la reducida de la ONCE— pero que no están dispuestos a perder su dinero. Además, ¿quién ha dicho que la condición de editor supone necesariamente un aval para triunfar en la imagen?

El salto cualitativo —de financiador externo a socio— que la banca española ha dado con la televisión privada no sólo puede costarle caro, sino que solidifica su ligazón indisoluble con el mundo de la prensa.

En resumen, Conde y Escámez se vuelven a situar enfrente del resto de la gran banca española, e indirectamente enfrente del PSOE. Por eso, la lucha que se libra en el Banco Central posee un componente político de primera magnitud. Por eso también, la purga que Mario Conde está llevando a efecto en Banesto —aun cuando los cesados se sitúen a título personal a la derecha del presidente de Banesto— va a forjar el espectro, no sólo bancario, sino también político, de la década de los noventa. Conde y Escámez contra los demás. Decididamente, la ruptura de la fusión fue una tontería mayúscula.

CAPÍTULO XVI

Y entre tanta polvareda se nos perdió Don Beltrán

Conde decide trabajar en silencio

Uno de los hechos más reveladores que trajo el año 89 fue el monacal silencio en el que se instaló Mario Conde. Hasta en el momento mismo de la ruptura de la fusión, el presidente de Banesto permaneció enclaustrado: del banco a casa y de casa al banco. Nada de acudir al Rocío ni aparecer como invitado de honor en los actos públicos. Y, por supuesto, nada de entrevistas. Conde restringió sus conferencias y rehusó acudir al Club Siglo XXI, ese antro de debate donde, ya que no se puede comer bien, se intenta hablar lo mejor posible. Conde, eso sí, ha aumentado desde entonces su servicio de escolta y el de sus familiares. Gran parte de una de las plantas de Castellana 7, sede central de Banesto, ha sido desalojada para instalar allí el cuartel general de los encargados de su seguridad, que controlan cada movimiento del financiero. Desde la salida de Abelló, Conde anda a caballo entre su despacho de Banesto y el de la Unión y el Fénix, ubicado en la misma acera, en Castellana 33.

Lourdes Arroyo, su mujer, ha llevado esta situación al extremo. En cierta ocasión, un equipo de la televisión pública italiana pretendió filmar un reportaje sobre el banquero español más conocido en aquel país. De la entidad no obtuvieron nada, de Conde tampoco; así que solicitaron permiso para acceder a su vivienda y filmar unos planos, sin intervención personal alguna. Lourdes Arroyo se negó en redondo. Los periodistas italianos, desesperados, decidieron filmar el domicilio por su parte exterior. Y cuál sería su sorpresa cuando la mujer de Conde también se negó a ello. Al final, hubo que convencerla de que las calles de Madrid son propiedad de la ciudadanía.

El matrimonio Conde-Arroyo habita una vivienda unifamiliar situada en el norte de Madrid, pero no en las urbanizaciones que frecuentan los más ricos de los ricos. Si Abelló exhibe en su casa a los maestros del arte, Conde se conforma con un cuadro de Ricardo Gómez Acebo, vicepresidente de Banesto, el miembro de las familias tradicionales del banco que más le ha apoyado desde su misma entrada. Banesto bien vale un cuadro en el recibidor.

Anteriormente, siendo ya primer ejecutivo de Antibióticos, habitaba en un bloque de pisos. Más que su vertiginosa carrera lo que le llevó al chalé fueron las protestas de sus vecinos, particularmente cada vez que Mario Conde organizaba en su domicilio una fiesta flamenca. El zapateado, a altas horas de la noche, no es la mejor manera de entablar relaciones de buena vecindad. Pedro Basterrechea, hoy en el First Interstate, propietario del domicilio situado justo debajo de los Conde, aún recuerda las noches en las que tuvo que subir para rogar a los alegres ejecutivos de la nueva ola que tuvieran a bien mantener un cierto decoro acústico. Era Lourdes la encargada de las disculpas, porque cuando Mario Conde se destapa por sevillanas no conoce a nadie.

Desde marzo del 89, abandonado ya el proyecto del Español Central de Crédito, el presidente de Banesto se ha vuelto sobre sí mismo, y ha reservado los sueños para más adelante. Ha descubierto que no se puede trabajar sin un Consejo de Administración unido alrededor de su presidente. Así, dedica todos sus esfuerzos a la consecución de este objetivo. Cuando lo logre, como decía un alto ejecutivo del Grupo, "seremos libres. No tendremos que hablar con el Banco de España más que para entregarles las cuentas".

Conde se vio envuelto en su ya reseñado proyecto de entradas y salidas de vocales en el Consejo de Banesto. Como siempre, hay dos tipos de nuevos consejeros: los que simplemente acuden por prestigio, porque les gusta —caso de González Cabreja o de la familia Beltrán— y los que cobran su compra de autocartera en negocio, como Jacques Hachuel o Asland, uno de esos grupos de acrisolada solvencia a los que nadie hace caso, hasta que se deciden a entrar en el sector bancario y se convierten en foco de atención de la opinión pública. Baste decir que el grupo Asland constituye la empresa española más rentable del sector de la construcción, en un país en el que la industria cementera pasa por poseer una de las tecnologías más avanzadas del mundo. Pues bien, Asland ha entrado también en la marea de la diversificación. La empresa vive ese momento tan especial en el que una sociedad se da cuenta de que debe multiplicar sus funciones, ya que su actividad tradicional ha tocado techo y no se puede avanzar más. Al final —originalidad que no falte—, han puesto sus ojos en las finanzas, y quieren entrar en este terreno de la mano de Banesto. Con Jacques Hachuel ha pasado tres cuartos de lo mismo. Intereses mutuos y mutuos apoyos compensan la inversión en Banesto. Con las salidas, más o menos pactadas, de Jacobo Argüelles, Pablo Garnica hijo y Juan Herrera, el líder de Petromed, Conde pretendía irse de vacaciones en el mes de agosto del 89 con la satisfacción de haber cerrado una etapa.

No obstante, aún faltaba algo. Había que subsanar el error de la ausencia de medidas defensivas contra tiburones internos y externos. Y ese proyecto, sometido a la aprobación de la Junta General de Accionistas del 17 de junio, resultará en el futuro mucho más importante que la reconversión del Consejo. Queda también la Corporación Industrial Banesto. Es decir, Conde estaba haciendo en Banesto todo lo que la fusión le impidió realizar.

Ramiro Núñez remienda los estatutos de Banesto

El secretario del Consejo de Banesto, Ramiro Núñez, amigo de Conde desde los tiempos de Deusto, es un personaje que disfruta con el Boletín Oficial del Estado (BOE) en la mano. El BOE es un periódico más bien árido, pero para el experto no tiene desperdicio. Ramiro Núñez, sin embargo, lo único que ha hecho en esta ocasión es plagiar, de la manera más descarada, al Banco Bilbao Vizcaya y al Popular. Para qué tantas negociaciones con accionistas cuando una simple modificación de estatutos otorga tranquilidad al líder de una empresa. Pues bien, si en el banco vasco los estatutos exigen tres años de permanencia en el Consejo para acceder a la Presidencia, en el Banesto serán cinco... condición que no cumple ni el propio Conde. Dicho de otro modo, con los cambios continuados que el Consejo del Español de Crédito ha sufrido en un bienio, el único que puede aspirar a la Presidencia es el antes mencionado Ricardo Gómez Acebo.

Supongamos ahora que un tiburón estuviera dispuesto a comprar Banesto gastándose más de un cuarto de billón de pesetas en adquirir el 51 % del accionariado. En este hipotético ejemplo se prescinde de que una operación de ese tipo dispararía la cotización y elevaría aún más el precio. Pues bien, ese tiburón no podría acceder a la Presidencia hasta lograr permanecer 5 años en el Consejo. Ahora bien —para qué están los juristas—, el susodicho podría plantear a la Junta General una reforma de estatutos que modificara el impedimento condiano. Pues no. Don Ramiro también ha previsto esta posibilidad con otro apretón de tuerca: a partir del 10 % de participación la progresión de derechos políticos se anula. Dicho de otra manera: señores tiburones, ya pueden ustedes comprar el 10 o el 49 que es lo mismo. En la junta tendrán el 10 % de los votos, ni uno más. El Alcázar no se rinde.

La técnica es un remedio de la utilizada por el Popular. El banco presidido por Luis Valls presentó al Registro Mercantil de Madrid una modificación de sus estatutos. Se trataba de lo siguiente: la ley advierte que un accionista que posea el 10 % del capital puede solicitar la convocatoria de Junta. De acuerdo —dijeron los populares— pero los acuerdos que se tomen en esas juntas deberán ser ratificados por dos tercios del accionariado. ¡Y olé! Es lo que los directivos del Popular llaman "voto cualificado", aunque más bien habría que hablar de "voto estalinista". Aquí el que no corre vuela.

El problema radica en que el registrador mercantil es todopoderoso en su ámbito geográfico de actuación. Cuando empezó el baile de los estatutos, más de un presidente de banca pensó en domiciliar la sede social de la entidad en Cuenca. En concreto, el Registro Mercantil de Madrid se ha distinguido por no pasarle una a Mario Conde.

La teoría de los precedentes

Esta segunda parte puede resultar más conflictiva legalmente —legalmente, en la banca todo resulta conflictivo—. Bien está que una empresa decida el sistema de elección de su presidente, pero la ley de sociedades anónimas determina la correspondencia entre propiedad y poder —como no podía ser de otra manera—. Ahora bien, acepte o no el Registro estas modificaciones, cada una de ellas tiene precedente. Ese es el argumento de Banesto.

El recelo del Gobierno hacia Mario Conde es de grueso calibre. Por eso, desde la ruptura de la fusión, cada vez que Conde ha querido avanzar ha preferido innovar lo menos posible y copiar lo que han hecho otros. Así, su gente podía presentarse ante la autoridad recordando que "lo único que pedimos es eso que ustedes ya le han concedido a...". Cuando las plusvalías de fusión vuelan Conde intenta recuperarlas proponiendo la fusión entre el monstruo Banesto y el enano Banc Català de Crèdit, esa filial de nuevo cuño que creara López de Letona con los restos del Garriga Nogués. Nuevamente, los abogados de Deusto buscaban el truco. En ese caso, se alegó como precedente la petición de exenciones del Banco Santander para fusionarse con una de sus filiales: Comercial Español. El Ministerio de Economía reflexionó profundamente acerca de la teoría de los precedentes, y decidió no concedérselos al Santander sino parcialmente, mientras rebajaba las pretensiones del Bilbao Vizcaya en materia de exenciones fiscales para uniones entre sus industrias participadas. Todo para evitar el segundo plan de Conde: la fusión de las participadas no financieras o creación de la Corporación Industrial Banesto.

En cualquier caso, una vez que el Registro Mercantil admitió a los vascos que el presidente debía salir de su propio Consejo de Administración, y ser un veterano del mismo, difícilmente se le puede negar este principio al Banesto. Además, no sería de extrañar que el Banco Central, siguiendo a su ex-socio, entrara también en el juego de utilizar los estatutos como instrumento defensivo. Lo malo para Escámez consiste en que el único recambio de enjundia, con veteranía en el Consejo de Administración del Central, se llama Epifanio Ridruejo, y a lo peor no es el hombre que el murciano busca como sucesor.

Sea cual fuere el final de la reforma, Conde contará con un consejo sin enemigos, lo que no supone un consejo dócil. Se quiere decir con esto que la salida de Argüelles, Garnica y Juan Herrera padre cerraría efectivamente una etapa: la de los tradicionales, que han constituido el gran enemigo de Conde desde el Consejo del 24 de enero. La pugna con las familias rebeldes de Banesto se trasladaría así al grupo industrial, donde algunas de ellas mantienen importantes participaciones. En este sentido, no es baladí la postura que adopte la familia Serratosa, de Valenciana de Cementos, garniciana hasta la médula. A Banesto le puede costar mucho dinero controlar desde la entidad un puñado de grandes empresas.

Pero el futuro tiene otro nubarrón. Si damos por buena la victoria definitiva del presidente de Banesto, nos encontraremos con unos órganos de dirección compuestos por tres colectivos: la guardia pretoriana de Conde —Arturo Romaní, Enrique Lasarte, Luis Ducasse, Fernando Garro, Ramiro Núñez—, los tradicionales que le han apoyado —César de la Mora, Gómez Acebo, Figaredo, Masaveu— y los filosocialistas —Juan Belloso, Antonio Torrero y Paulina Beato—. En particular, Belloso —principal responsable de la mejora de rentabilidad experimentada por el banco— ha llevado a gente de su confianza a los segundos escalones directivos. Ideológicamente, pues, podemos hablar de centro, derecha e izquierda, aunque este esquema es tan simple que sólo sirve a efectos expositivos.

Con este planteamiento, ¿qué ocurrirá si, como es previsible, el entorno político hacia el que nos encaminamos acentúa las diferencias entre el Partido Socialista y Mario Conde; si, en definitiva, Banesto y Central se politizan aún más? El empeño que los hombres del Partido Popular y de la CEOE manifiestan en defensa de Conde puede ser un flaco favor al presidente de Banesto, pero también constituye un síntoma de lo que está pasando en España: una derecha política refundada que busca apoyos en la derecha económica —léase financiera—. Puede alegarse a este respecto que Antonio Torrero es más catedrático que socialista, que Paulina Beato vive más en Nueva York que en Madrid y que Juan Belloso es un hombre tan leal a su partido como a su empresa. Pero, en cualquier caso, se puede entrar en un conflicto de lealtades. Recuérdese que Mario Conde no ha nombrado consejero delegado, y mantiene como máximos ejecutivos a dos figuras paralelas, como son el propio Belloso y Arturo Romaní. En el momento álgido del proceso de fusión con el Central, Belloso era consciente de que, ante las exigencias de un Escámez renacido, podía verse obligado a ceder su puesto a Epifanio Ridruejo. "Y si eso ocurre pues no pasa nada", llegaría a decir Belloso, cansado de tantas especulaciones. De cualquier forma, Conde tiene en su casa un freno a sus tentaciones políticas —en el sentido más amplio del término—.

El otro gran reto actual de Conde es sacar adelante la Corporación Industrial Banesto. Es decir, unir en una sola sociedad, controlada por Banesto al 51 %, todas las participaciones industriales que le llegan desde las sociedades de cartera y desde sus filiales Bandesco y Banco de Vitoria. Se trata de unificar la gestión en las manos de Arturo Romaní, y poder funcionar como un solo grupo, que se convertiría en uno de los conglomerados empresariales más importantes del país. Para eso se necesita que el Gobierno conceda exenciones fiscales. De otra forma, el proceso resulta carísimo. Es un nuevo pulso —por aquello de personalizar— entre Solchaga y Conde. O, si se prefiere, entre el PSOE y la nueva clase social de empresarios.

La banca es mucho más que los bancos

El valor de todas las participaciones que Banesto posee en las más variadas industrias supera con creces los 300.000 millones de pesetas. Esa cifra es la historia de una entidad que ha venido colocando en la industria sus excedentes de tesorería a lo largo de varias décadas. Por eso, hay que considerar a la banca española como mucho más que banca. Porque resulta que Banesto participa —aquí se citan sólo aquellas empresas de gran calado y donde Banesto casi controla la situación— en Tudor, Asturiana de Zinc, Petromed, Acerinox, La Unión y el Fénix, Agromán, Valenciana de Cementos, Sniace, Celulosas del Nervión, Carburos Metálicos o Sanson. A ello se unen las importantes participaciones en el sector eléctrico y en un sinfín de empresas que, en su conjunto, suponen cantidades ingentes de dinero. Cuando ponemos pilas a nuestro transistor, llenamos el depósito de nuestro automóvil, escribimos una carta, compramos un piso o hacemos un seguro posiblemente estaremos comprando productos Banesto.

No es una excepción. Lo mismo ocurre con la mayoría de los grandes bancos españoles. Es obligado, por ello, hacer una llamada al orden: cuando se dice que los banqueros españoles salen demasiado en los periódicos, cuando se afirma que los periodistas sienten obsesión por la banca, se está mintiendo descarada e interesadamente. La banca, en su vertiente estrictamente financiera, ya tiene un peso mayor que el que dejan ver sus sucursales. Porque en España, los bancos han acaparado el sistema financiero. La bolsa es imposible entenderla sin los bancos, que son y van a seguir siendo los principales operadores —disfrazados tras decenas de siglas y sociedades interpuestas—. El "leasing" y el resto de nuevas fórmulas de financiación de la empresa pasan asimismo por los bancos y las cajas de ahorros. Ídem para los seguros y cualquier nuevo mercado parabancario. Únase a todo ello las empresas no financieras que se controlan. Ningún empresario industrial español, por poderoso que sea, tiene tanta responsabilidad y poder como Pedro Toledo y Sánchez Asiaín, Alfonso Escámez, Mario Conde y compañía (escasa compañía, por cierto). Por tanto, en España no se habla mucho de la banca, se habla bastante menos de lo necesario.

Esta omnipotencia de la banca en los sectores clave de la economía española ha generado además una serie de vicios, tanto públicos como privados. A la banca se acude para todo. Son como los Reyes Magos del país. Acude el empresario que quiere formar una empresa, pero también el filántropo que desea sacar adelante su asociación. Acude el Estado —y éste tiene poder para exigir— que echa mano de los coeficientes en cuanto la inflación se dispara (la historia reciente de este país resultaría inexplicable sin los coeficientes bancarios, tanto los de regulación monetaria como los de inversión). En el pasado, el Estado también instrumentalizó la banca para salvar sectores en crisis. Como gusta repetir el presidente del Instituto de Crédito Oficial, Miguel Muñiz, "el gran problema económico de España es la falta de grandes empresarios. Aquí no hay grandes empresarios, lo que hay son banqueros grandes".

En este sentido, corremos el riesgo de estar equivocando la crítica que habitualmente se dirige a la banca: cobro indebido de comisiones, altos tipos de interés o —para los enterados— altos costes de transformación y estructuras muy pesadas. Todo eso está muy bien, pero tiene unos efectos muy restringidos sobre la mayor parte de la población. Que los bancos computen el mismo día cargos y abonos es justo, y hará perder a cada entidad muchos millones, pero no va a hacer millonarios a ninguno de sus clientes —excepción hecha de los que ya lo son—. Que las entidades reduzcan sus costes de transformación afectará a los trabajadores del sector, y no precisamente de forma positiva. La rebaja de tipos de interés es fundamental para la gran empresa —aunque no debería serlo si se autofinanciara más—, pero las subidas y bajadas de tipos no representan apenas nada para el comerciante o las familias, dada su gradualidad. Un particular sólo apreciará que dichas oscilaciones tienen una repercusión significativa sobre la cuota que paga por su crédito hipotecario si las bajadas son constantes durante largos períodos de tiempo, lo que casi nunca ocurre. Además, si los intereses son altos, el banco no es el único culpable: también hay mucho que reprocharle al Gobierno.

Por contra, donde hay que hacer hincapié es en la promoción industrial. En un país sin tejido empresarial, y con una tasa de paro que nos convierte en el hazmerreír de Europa, deben ser la banca y el Estado los principales animadores de la creación de empresas. Hay muchos caminos, y no todos exigen el compromiso eterno con industrias en crisis. Pues bien, ni los gerentes de la política económica piensan que la banca debe entrometerse en la creación o potenciación de la industria, ni los banqueros —dominados por una competencia feroz que obliga a pensar sólo en el corto plazo— están por la labor. Uno puede emocionarse pensando en las posibilidades industriales —por tanto de lucha contra el desempleo— que abre una entidad como el BBV, con una capacidad de generación de recursos que superó en 1988 los 225.000 millones de pesetas. Cuando se le propone este esquema de funcionamiento a su copresidente, Pedro Toledo, responde: ''Yo cumplo mi función social como banquero concediendo bien los créditos que me solicitan''. Muy cierto, pero así se hace bueno el viejo aforismo: Los bancos son entidades dedicadas a dar dinero al que no lo necesita.

CAPÍTULO XVII

La historia continúa...

Divorciados pero amigos

Si algo han llevado con exquisito cuidado Mario Conde y Alfonso Escámez ha sido su separación. Ni una crítica en público ha salido de la boca de ambos presidentes desde el 23 de febrero del 89. Ese era el pacto y se ha cumplido. Ambos salen ganando con ello, como mal menor por lo que perdieron con la ruptura de la fusión. Ambos se han constituido, sin quererlo, en la esperanza de la derecha política y ambos necesitan funcionar bajo la estrecha vigilancia del poder constituido. Por ello, frente al Gobierno y su política económica —la que Nicolás Redondo califica de neoliberal o monetarista, según depende— en España se ha dado la paradoja de que los sindicatos —situados a la izquierda del Gobierno—, y el Partido Popular y los bancos Central y Banesto —ubicados a su derecha—, se encuentran con un mismo enemigo: el gabinete González. A través de la televisión privada, los grandes grupos de prensa también se verán obligados a alinearse en alguna de estas dos Españas.

Hay que prepararse para asistir a un fenómeno irrepetible, consistente en comprobar los cambios en la línea editorial de los periódicos una vez se tenga la licencia de emisión en la mano. Hay reportajes de escándalo archivados en el cajón de la mesa de algunos directores de diarios y semanarios que duermen un sueño inquietante a la espera de la concesión. El ambiente que se respira entre algunos de los más representativos "señores de la prensa" es el de haber sido chantajeados durante demasiado tiempo, con esa práctica del palo y la zanahoria que el Gobierno ha venido aplicando desde que se comprometiera a admitir el nacimiento de la televisión privada en España. El Gobierno ha venido jugando en este terreno, a lo largo de un lustro, con el calendario. Es premisa básica de su estrategia que las próximas generales se celebren, no antes de que los canales privados entren en funcionamiento, sino antes de que consigan una capacidad de influencia que pueda resultar peligrosa. En este sentido, el PSOE ha cometido un error de bulto. Con una ley que condiciona la programación en los espacios dramáticos, la línea y la calidad de los informativos se convierten en la pieza clave de los nuevos canales, que podrán ofrecer la alternativa al gubernamentalismo crónico de Televisión Española.

En este sentido, dos son los enemigos potenciales del Gobierno. Uno es Univisión-Canal 1, la alternativa del Grupo Zeta, y otro —quizás el más peligroso de todos— la opción de Javier Godó, editor de La Vanguardia. Su futuro director general televisivo, Manuel Martín Ferrand, ha demostrado su querencia hacia la información desenfadada y ágil en la cadena de radio Antena-3. Al Gobierno le asusta pensar lo que esa forma de hacer supondría con imágenes de por medio. Al final, por otra carambola de la historia, la oposición al PSOE volverá a llegar desde Cataluña, de la mano de estos dos editores, vecinos ambos —y amigos— del financiero Javier de la Rosa. (Por cierto, qué empeño puso el Gobierno en evitar la entrada de De la Rosa en la prensa española, particularmente en el Grupo Zeta. Para el PSOE, su presencia —relativamente insignificante— era más relevante que la entrada en macrogrupos industriales).

Y todo ello, aun considerando que no existirá un canal de la derecha, y que el de Jesús Polanco, y posiblemente el de Hachuel, serán más lúdicos que informativos. Además, uno de los cuatro debe quedarse fuera del reparto.

La reforma de Estatutos en Banesto y el cambio de actitud de Escámez en el Banco Central —luchar hasta el final— van a suponer una nueva etapa en las dos entidades y en la banca española en general. Ni que decir tiene que la operación que neutralizaría esta situación y marginaría definitivamente a Mario Conde sería la resurrección de la fusión Hispano-Central. Escámez, no obstante, tiene ahora una buena razón para negarse: tras el fracaso de una concentración, los accionistas del Central no pueden ver con buenos ojos una nueva aventura.

¡Ay derecha de mi vida!

Cuando, en abril del 89, parecía que la alternativa económica del Partido Popular iba cuajando, Manuel Fraga ve su oportunidad de alcanzar esa "mayoría natural" que predica desde 1982. Los escasos resultados que las encuestas auguraban al Centro Democrático y Social convencieron a Adolfo Suárez de la necesidad de pasar a la acción: llegó el pacto. Y, precisamente entonces, aparecieron las jugosísimas historias de los intentos de soborno a diputados de la Asamblea de Madrid. La operación, desde ese momento, aparecía castrada. Lo de menos era que la derecha lograse gobernar en este ayuntamiento o aquella comunidad autónoma. Lo de más, es que cualquier proyecto regeneracionista —que tal era la imagen que se quería dar— queda roto desde el momento en que no aporta una inmaculada imagen de honradez y limpieza. Y lo más curioso de todo esto es que el proyecto era bueno. Consistía en copar poder allá donde se podía, sin renunciar —esta era la clave— a seguir acudiendo en solitario a las elecciones, presentando las dos caras de una misma moneda. El PSOE es experto en aquello de lo que dice adolecer: la capacidad para transmitir a la opinión pública las razones de su política. Nada más conocerse la noticia de la presentación de mociones de censura en el Ayuntamiento y en la Comunidad Autónoma de Madrid, Alfonso Guerra se apresuró a quitarle importancia al hecho: "Que cuenten bien", afirmaba el vicepresidente. Sólo era un gesto. Lo cierto es que La Moncloa se puso nerviosa. Buena prueba de ello era que Felipe González se encargó personalmente del asunto. En esos tensos días de mayo, convertida la política española en pieza de juzgado de guardia, Felipe González estableció una línea telefónica permanente con Joaquín Leguina, instando a éste a no arrojar la toalla y aguantar el tipo como fuera.

Puede decirse que para el Partido Popular ha sido una suerte la querencia de Fraga al sillón de presidente. Si el político gallego ya hubiese nombrado sucesor y candidato al Gobierno, el aspirante estaría ya quemado. Así, lo único que ha ocurrido es que se ha tostado un poco más el propio Manuel Fraga, pero eso no es noticia. Dar el pase —según el plan previsto— a Marcelino Oreja o José María Aznar, y nominarle para la presidencia del Gobierno, se convierte ahora en tarea prioritaria, a realizar un día después de que se hayan apagado los ecos del escándalo protagonizado por el empresario Gustavo Durán. La otra tarea urgente del Partido Popular es establecer lazos con la derecha financiera y lanzar su mensaje económico alternativo.

Los sindicatos: la tercera vía

Por la izquierda, los sindicatos persisten en las medidas de fuerza. Si el 14-D no tuvo éxito se inventó el 1-M, o primero de mayo con sabor reivindicativo. Y como tampoco esta fecha hizo cambiar de rumbo al Gobierno, se llegó al dos de junio 2-J, también con la paralización de los transportes como punta de lanza. Como afirmaría pocos días antes el secretario de Estado de Economía, Pedro Pérez, ''a los sindicatos se les está acabando su mensaje. La gente empieza a estar harta de que le den en su trasero los puntapiés destinados al Gobierno''. No se podía decir más en menos palabras, ni más acertadamente. Los sindicatos, que habían jugado a cuestionar en bloque la política económica del Gobierno, habían cometido el mismo error que la derecha: no arropar sus reivindicaciones con las floridas palabras de un grupo de economistas adictos que ennoblecieran el mensaje —la pedantería vende mucho en España—. La teoría sindical era política económica global; la práctica, reivindicaciones concretas de tono laboral —y encima en demanda de prestaciones sociales, no de puestos de trabajo—. Esa esquizofrenia puede llevarles a la gloria, por lo que tiene de renovador, pero no al triunfo político.

El sentido de la equidad exige matizar este punto. Pedir a los sindicatos que trabajen más por los desempleados implica exigir lo mismo a las patronales. Cuando se estaba negociando el actual y conflictivo convenio de banca, las centrales UGT y Comisiones se mostraron dispuestas a ligar el incremento de salarios a la creación de puestos de trabajo en el sector. La patronal bancaria ni se planteó la cuestión.

Un factor anexo, que no conviene olvidar, se refiere a la inveterada costumbre patria de valorar más la imagen que los hechos. Y esto no sólo entre profanos, sino particularmente entre los líderes de opinión. La campaña para las elecciones europeas del 15 de junio del 89 comenzó con una andanada del vicepresidente del Gobierno, Alfonso Guerra: ''Estos señores lo que no perdonan es que el alcalde de Madrid —por Juan Barranco— sea hijo de un campesino de Jaén que se vino de albañil a Madrid. Es que les quita el sueño. No pueden soportar que nosotros, unos descamisados, gobernemos el Ayuntamiento... yo estoy orgulloso de ser el pararrayos de esta derecha reaccionaria y cavernícola porque os represento a vosotros''. Pues bien, la reacción del hombre de la calle pudo ser de sonrisa o de asco. Lo que importa ahora es la interpretación de los politicólogos, editorialistas e influyentes de todo signo. Excepción hecha de los que se rasgaron las vestiduras —reacción que posiblemente sea la que más complazca a Alfonso Guerra—, la mayoría optó por alabar la sapiencia de un vicepresidente capaz de atraerse los votos de izquierda que los sindicatos habían robado al PSOE un catorce de diciembre. Y el caso es que tiene razón en el análisis: las tonterías del vicepresidente valen un potosí en sufragios para la causa. Pero ningún intelectual pasará a la historia por anteponer el análisis de la imagen —Guerra consigue votos—, frente a la realidad —esto es pura demagogia para el consumo de los lerdos—; ni por valorar más la estrategia electoral —Guerra margina a los sindicatos entrando en su terreno—, que los hechos —la unidad europea no parece interesar a nadie en unas elecciones al Parlamento Europeo—.

Bueno, a la historia no pasarán, pero quedan muy bien en las tertulias gastronómicas de moda. Actuar de otra manera supone ser tildado de falta de agudeza mental o de sentido del humor, entendido éste como pura frivolidad. Y la carencia de estas dos condiciones es —pueden creerlo— determinante para el currículum en el Madrid de los años noventa.

Solchaga ataca de nuevo

En esta situación, Carlos Solchaga vuelve a lanzar el mensaje fusionista: ''Seguiremos hablando de fusiones entre bancos durante mucho tiempo''. Y más: ''Si no hay fusiones se producirán desequilibrios entre los bancos''. Solchaga no quería aparecer como el promotor fracasado de las uniones entre bancos, y al mismo tiempo se sentía —tras una etapa de depresión que le hizo pensar en abandonar el Ministerio cuando culminara la legislatura— más fuerte que nunca. Como él mismo explica: ''Yo sólo presenté la dimisión una vez, siendo ministro de Industria, y la retiré a las 24 horas. En aquella ocasión aprendí mucho para el futuro''. Pese a todo, la nueva campaña de Solchaga ha sido acogida con más tranquilidad por los banqueros españoles. A fin de cuentas, quedan tres grandes bancos para utilizar cara a una posible fusión —Hispano Americano, Santander y

Popular—, y los tres tuercen el gesto cuando se les habla del asunto. Queda, eso sí, por decidir cuál será el futuro bancario de los hermanos March, hoy propietarios del Urquijo, del Banco del Progreso, del Banco de Asturias y de la propia Banca March, todo ello sumado a su participación en el Hispano —cercana al 5 %—. Juan y Carlos March representan la gran incógnita de futuro en la banca española. Así, ha nacido una nueva rumorología, que habla de cercanía entre los dos grandes patrimonios bancarios españoles: los Botín y los March. Sobre el Banco Santander se hace girar ahora —desde determinadas instancias oficiales— la posibilidad de una nueva concentración bancaria.

Por lo demás, el éxito de la fusión vasca, y sobre todo el fracaso de la madrileña, han supuesto el declive de los nuevos banqueros. El PSOE no ha logrado las fusiones requeridas, pero sí meter en cintura a la nueva clase. Lo que ahora está en juego es la composición del nuevo mapa político-financiero y el proceso de apertura de la banca a la industria. Quieran o no, y ante la saturación financiera del país —que aumentará después del 92—, los grandes bancos se verán en la necesidad de entrar en la promoción industrial. Su actividad tradicional ha tocado techo. Es decir, que, no por vocación sino por obligación, se verán forzados a jugar el papel de locomotoras del desarrollo en un país donde no existen otros grupos empresariales que les puedan igualar en potencia, y en el que existen 2,7 millones de parados. Este es el gran cambio: una banca que sentía alergia hacia la industria —por haber sido la principal causante de su crisis— deberá comprometerse con la economía real si no quiere caer en el canibalismo. Cuando el reparto de la tarta ya está hecho sólo caben dos opciones: o robarle la ración a la competencia o meter las manos en el horno y hacer otro pastel.

EPÍLOGO

De ordinario se piensa que la austeridad y la seriedad son connaturales al banquero. El porqué de tal suposición es un misterio. Aquí valen más bien pocas precisiones geográficas. Allende nuestras fronteras, la suposición es la misma y la realidad también la contraria.

Álvaro Rengifo, consejero-director general del Banco Bilbao Vizcaya, procedente de las filas del Bilbao, mantenía, poco después de anunciarse el proyecto de fusión vasca, la siguiente coversación con uno de sus subordinados, José Ignacio Berrueta:

—¡Oye tú! Ha venido aquí una tía, no sé si es sueca o francesa, que se dice especialista en auditorías de cultura corporativa. Que nos quiere hacer una. Yo creo que es una mariconada, ¿tú qué crees?

—Pues precisamente eso, que es una mariconada —respondió el interpelado.

—Bueno, pues vamos a decirle que sí —sentenció Rengifo.

La llamada auditoría de cultura corporativa, un concepto para el goce metafísico, se realizó, pero ceñida tan sólo al Banco de Bilbao, pues los hombres del Vizcaya escurrieron el bulto. Se calcula que su precio rondó los 50 millones de pesetas. No todo fueron pérdidas. Así, el cliente pudo encontrarse con un mazo de folios entre los que se encontraban perlas como ésta: "El Banco de Bilbao es más que un mito, es el mito hecho banco". Ha servido, eso sí, para que los hombres de Pedro Toledo tuvieran material de conversación durante semanas. Alguno de ellos guarda cuidadosamente el documento acusatorio contra sus antiguos colegas y actuales compañeros.

De ordinario se piensa que el banquero es un hombre que analiza, con las cifras por instrumento, las decisiones que toma. Tal supuesto exigiría tiempo, algo imposible de comprar en determinadas circunstancias, y una a modo de objetividad angelical. La evaluación del riesgo convertiría al banquero en un adivino empírico, imbuido de asepsia ideológica. Un personaje que, en el momento de aprobar una inversión, no conoce amigos ni parientes.

A mediados del año 88, las empresas periodísticas aspirantes a un canal de televisión, algo que supera los posibles de cualquiera de las editoriales españolas, PRISA incluida, abrieron la veda del banco, como socio pagador y silente de un proyecto por el que pasa no sólo el poder informativo, sino a veces la propia supervivencia del peticionario. Sólo el Banco de Bilbao había mostrado desde el comienzo un interés por estar presente entre alguno de los candidatos. Mario Conde también, aunque más a título personal que institucional. Alfonso Escámez, escaldado del experimento Radio-80 (nacido bajo las alas de los cinco bancos más fuertes del país), hizo llegar a quienes se acercaban su negativa de principio. De ello puede dar fe Manuel Martín Ferrand, primer ejecutivo del proyecto televisivo de La Vanguardia y de la cadena de emisoras. Escámez se negó a recibirle, y paralizó el plan de Rafael Suñol, consejero-delegado del Banco de Fomento, de suscribir acciones de Antena-3 en su salida a bolsa. El Central se quedaba fuera por propia voluntad. El pasado mes de abril, una llamada telefónica de Antonio Asensio bastó para que el Central aceptara participar con un 8 % en el proyecto de Zeta. Precisamente el Central, precisamente en Zeta.

De ordinario, el aficionado y el analista (condiciones no necesariamente excluyentes) dividen a los banqueros en dos tipos: aquellos que realizan las grandes operaciones con fondos propios, arriesgando su dinero y no comprometiend la solvencia de lo adquirido, y esos otros que abarcan demasiado, valiéndose de socios pescados a lazo en el último momento, y que siembran el desconcierto allí donde llegan.

El 1 de diciembre del 88 se hacía pública la venta del Banco Urquijo a los March por 57.000 millones de pesetas. El Hispano había logrado librarse de su filial. Mariano Rabadán, uno de los hombres fuertes de los hermanos March, afirmaba semanas después: "En España, gente que funcione con recursos propios sólo dos, El Corte Inglés y nosotros". Quince días después se sabía que los March habían recibido un crédito del propio Hispano para realizar los primeros pagos. Otro campeón de los recursos propios, Construcciones y Contratas, se ha visto obligado a acudir a préstamos para adquirir centrales al grupo KIO.

Hay banqueros que enarbolan fama de astutos y capaces, como Emilio Botín López, el Patriarca; y banqueros que arrastran una aureola de cortedad, como su hijo Emilio Botín Ríos, que en dos años ha situado su banco a la cabeza de rentabilidad del sector, superando ampliamente las tasas de beneficio de su padre. Hay presidentes tachados de tiranos anticuados, como Alfonso Escámez, el banquero que menos ha reducido su plantilla y más proclive ha sido a pactar con los sindicatos; y otros reconocidos como modernos estrategas, como Pedro Toledo, presidente de un Banco de Vizcaya que retiene el dudoso galardón de haber sido la entidad que más ha adelgazado su plantilla. El banquero presuntamente más derechista, Luis Valls, ha vetado reiteradamente a Fraga, mientras Emilio Botín padre, avanzadilla de la modernidad en el pasado, mantuvo y convenció a sus colegas de sostener la llama financiera de la derecha, a sabiendas de que la derecha es, justamente, la que no paga.

Es muy duro luchar contra la propia imagen. Cualquiera podría incrementar los ejemplos aquí expuestos. Estos u otros, quien los lea advertirá las paradojas del mundo financiero y de la imagen, tantas veces falsa, de sus dirigentes. Quiero creer, en un alarde de optimismo, que una selecta minoría abordará la ingrata tarea de deshacer el personal racimo de mitos que cada cual acarrea. A estos audaces exploradores de sí mismos les espera una dura tarea.

La banca, al igual que cualquier otra actividad humana, no se rige por los imperativos de las cifras, sino por la libre voluntad de sus protagonistas. La frase que apuntala esta afirmación es aquella, un tanto cínica, de que "la contabilidad es una ciencia exacta porque dice exactamente lo que uno quiere que diga". Son los hombres quienes toman decisiones, y un ardor de estómago de un presidente o un consejero delegado puede resultar, en un momento dado, más relevante que los cuadros de evolución. Al final, el banquero toma una decisión y luego busca los argumentos que la aconsejan, no al revés. Pero muy pocos son los suficientemente sinceros consigo mismos como para aceptar que este esquema, independientemente de sus defectos, es el que en la realidad funciona. Todo esto tiene mucho que ver con la pedantería y formalidad de la que se rodea la banca, pedantería extrapolable a los rectores de la vida económica. Por eso se ha dicho que un filósofo es un señor que explica cosas que nadie entiende en un lenguaje accesible, mientras un economista es un ser que explica cosas que todo el mundo conoce con palabras que nadie entiende. El negocio bancario es, en resumen, algo bastante prosaico. Consiste en comprar dinero barato con una mano y venderlo con la otra en unos tenderetes llamados sucursales.

La banca española, encima, es grande. Sus accionistas-propietarios son seres sin rostro, alejados de la vida interna de la institución. Si lo desean, podrán acudir a una junta general de accionistas e intentar sacarle los colores a un presidente que posee todos los resortes para salir airoso, y que no volverá a enfrentarse a ellos hasta un año después. La banca española es, además, mucho más que banca: son seguros, constructoras, negocio inmobiliario, petróleo y energía, telecomunicaciones, además de controlar una panoplia de servicios parafinancieros que han monopolizado. En un país sin multinacionales que merezcan tal nombre la banca se ha lanzado a crecer por fusiones, y se ha olvidado de la responsabilidad que le exige su dimensión dado que sufrimos la tasa de paro más alta de Europa occidental. El sector, que atravesó una crisis sin precedentes, se ha vuelto sobre sí mismo, y la aventura de antaño se ha vuelto riesgo controlado. Lo único que preocupa es la cuenta de resultados. Lo que importa hoy en Occidente no es la privatización o las más o menos tediosas discusiones sobre el Estado del Bienestar. Lo que late en el fondo es el concepto más genérico de eficacia, y a él se subordina todo, incluido el ser humano. La eficacia todo lo exculpa; el ganador es bueno y el perdedor es malo. La eficacia exige no sólo la victoria, sino la victoria a corto plazo. Como advirtiera un conocido broker madrileño: ''En este país el que no gana diez millones cada fin de semana es tonto''.

De ahí el auge de las finanzas, en detrimento de la empresa industrial, y de ahí un nuevo tipo de pedanlenguaje especializado que personifica la economía y cosifica las personas. En ocasiones se habla con tanto fervor de la inflación o el déficit público que más que abstracciones parecen referencias a seres amados, que exigen su ración de ternura y delicadeza. Al final, sólo al final, queda la persona, seguramente beneficiario último de los grandes planteamientos. ¿Por qué dudarlo?

Quien se oponga a esta idea será tachado de ignorante, si tiene el bachillerato elemental, o de peligroso, si ostenta un ''master'' por Harvard. Lo que es seguro es que desaparecerá del circuito. A fin de cuentas, lo que entendemos por ''beautiful people'', ha pasado de ser una sociedad de mutuo auxilio a constituirse en ideología, la ideología de la eficacia, ídolo al que se sacrifica ese conjunto ingente de hombres llamado pueblo. Es el nuevo despotismo, unas veces ilustrado, otras no tanto. Al final, todo acaba en ésta es "la única política económica posible" (Felipe González).

El catedrático Emilio Ontiveros afirmaba que "los economistas necesitamos una cura de humildad, porque lo cierto es que nos hemos equivocado mucho". Puede, en cualquier caso, aceptarse o no que la economía sea una ciencia exacta, pero resulta duro de creer que lo sea la política económica. Porque lo peor del paisaje de la eficacia es que la consideración de la economía como una opción ética queda radicalmente descartada. En el fondo, la enmienda es muy simple. Basta con que el banquero recuerde que la propiedad privada exige una responsabilidad social, y con que el gobernador no olvide que lo que importa no es la economía, sino las economías.

En España se ha vivido en los dos últimos años la llegada de jóvenes empresarios, casi siempre ligados al mundo bancario, cuyo historial empieza o acaba en la banca. Han sido y son protagonistas de una cadena de acontecimientos que ha dado en llamarse transición económica, proceso presuntamente histórico, que presuntamente sucede a la transición política. El mundo se está haciendo pequeño. Queda ya poco margen de maniobra para la originalidad, lo que comporta la enorme ventaja de poder equivocarnos todos a la vez, mientras se retiene la convicción de haber entrado por la buena senda. Contaba el fallecido presidente de Banesto, José María Aguirre Gonzalo, que la actual política económica española del crecimiento equilibrado y de la celosa vigilancia hacia todo lo que supongan alegrías expansivas, no es cosa de hoy: «Ya en el franquismo tuve una discusión con un ministro. Yo apoyaba la puesta en marcha de una serie de fuertes inversiones públicas, en una etapa en que el Gobierno consideraba prioritaria la lucha contra la inflación. En un momento dado, el ministro me dijo: "Dígame usted un solo país que no haya aplicado esta política". A lo que yo respondí: "Dígame usted un solo país que haya salido de la crisis"». Decididamente hay pocas cosas nuevas bajo el sol. La única controversia ideológica de hoy sigue siendo la de siempre: ajuste contra expansión.

Pues bien, en mi opinión los nuevos ricos han estado guiados en sus actuaciones por el mismo criterio que sus tatarabuelos: la ambición. Se distinguen de la aristocracia financiera con la que lucharon y a la que sucedieron porque son menos zafios y bastante más vocingleros. Y quizá también porque tienen más claro que la gente no busca el poder para obtener dinero, sino que busca el dinero para obtener poder. La llamada transición económica española, proceso calcado al que se vive en todo Occidente (en el que no se ha dado transición política), es un mejunje de liberalismo, de concentración de poder en menos manos, de primacía de la libertad sobre la justicia y de la eficacia sobre la ética. Agítense convenientemente estos ingredientes y envuélvase el producto en un envase con la siguiente inscripción: modernidad. Y el que quiera aprender que vaya a Salamanca.